これならわかる 内部統制整備の手続

元国際教養大学客員教授
公認会計士 **土田義憲**

ロギカ書房

読者の皆さんへ

"内部統制を整備する"と聞くと、組織の中に何か特別なものを新たに備えることのように聞こえますが、決してそのような大げさなものではありません。

内部統制は、会社であれ地方自治体であれ、あるいは病院や学校などの非営利組織であれ、組織の既存の業務手続の中に存在するものです。業務手続の中に存在し、組織にとって好ましくない行為や事象が発生するのを予防し、もし発生した時は早期に発見して好ましくない状態が拡大するのを防ぎ、元の正しい状態に戻すための仕組みが、内部統制なのです。

すでに組織の中に存在するものであるのに、なぜ改めて"整備する"などと大げさな表現をするのでしょうか？　それは、すでに存在しているはずの仕組みの存在を知らないか、もしくはそれが十分に機能していないからです。

その十分に機能していないかも知れない仕組みを見つけ出して、機能するように是正するのが"内部統制の整備"なのです。決して、無から有を作るような膨大な作業を求めるものでは、ありません。

内部統制は、大会社に対しては会社法が、上場会社に対しては金融商品取引法が、そして地方自治体に対しては地方自治法が、整備・運用を求めています。

では、法律で義務付けられていない組織では、どうなのでしょうか？内部統制の整備は不要なのでしょうか？

いえ、決してそのようなことはありません。法律で求められているか、否かにかかわらず、すべての組織は、業務が適正に行われる仕組み、すなわち内部統制を整備する必要があります。

ii　読者の皆さんへ

　その意味では、会社法や地方自治法などの法律が整備を求めている内部統制は、最低限のものに過ぎないのです。

　本書は、会社の業務が適正に行われるように、業務の効率性と有効性の確保、資産の保全、不正の防止、法令を遵守した業務の執行、信頼される報告等、の目的を達成する**内部統制整備の手続**を理解してもらうことを意図して執筆したものです。

　内部統制の整備の手続に関する記述では、内部統制の整備の手続の実施者が納得して作業に従事できるように、「"なぜ"こうするのか」の記述に力を入れています。

　また、すでに多くの会社で実施されている内部統制を組み込んだ業務手続の例を取り上げています。

　本書が、内部統制の整備・運用に責任を有する経営者の方、内部統制に関心を持つ方の、お役に立てれば幸いです。

2024 年 12 月 20 日

公認会計士　土田　義憲

iii

目 次

読者の皆さんへ

第1章 内部統制とはなにか？

1-1 内部統制概念の変遷 ……………………………………………………… *2*

1）産業革命と内部統制 *2*

2）内部統制の定義の明文化 *3*

3）アメリカの監査基準書55号 *4*

4）92年COSOレポート *5*

5）マルコム・ボルドリッジ基準 *6*

1-2 COSOレポート ………………………………………………………… *7*

1）概 要 *7*

2）COSOレポートの特徴 *8*

3）内部統制の構成要素 *11*

1-3 日本の内部統制評価基準 ……………………………………………… *14*

1）リスク新時代の内部統制 *14*

2）コーポレート・ガバナンス及びリスク管理・内部統制に関する開示・
評価の枠組み *14*

3）財務報告に係る内部統制の評価及び監査の基準 *15*

1-4 内部統制の実状 ………………………………………………………… *16*

1）好ましくない行為や事象の選別 *16*

2）80％は業務に係る *16*

3）複数の目的の同時達成 *17*

4）統制活動のレベル *18*

5）内部統制の限界と本質的役割 *19*

6）各構成要素に属する統制の例 *19*

（付属解説1－経営目的と経営目標） *20*

iv　目 次

第 2 章　内部統制に関する法律等

2-1　会社法（6つの内部統制）‥‥‥‥‥‥‥‥‥‥‥‥‥‥‥‥‥‥‥‥ *24*

　　1）会社法の規定　*24*

　　2）体制の整備の決定に対する各機関の責務　*24*

　　3）整備する内部統制のレベル　*25*

　　4）財務報告に係る内部統制との関係　*27*

　　　（付属解説2-"合理的なレベルのリスク"）　*27*

2-2　金融商品取引法（財務報告に係る内部統制）‥‥‥‥‥‥‥‥‥‥‥ *29*

　　1）要求内容　*29*

　　2）内部統制の基本的枠組み　*29*

　　3）財務報告に係る内部統制で達成すべき要件　*31*

2-3　地方自治法（財務に関する事務等に係る内部統制）‥‥‥‥‥‥‥ *33*

　　1）要求内容　*33*

　　2）内部統制の定義　*34*

　　3）内部統制の評価方法　*36*

2-4　法的要求がない会社の内部統制 ‥‥‥‥‥‥‥‥‥‥‥‥‥‥‥‥‥ *38*

　　1）リスクを低減する内部統制の整備　*38*

　　2）会社における現状　*38*

　　3）会社が整備する内部統制　*39*

2-5　内部統制とリスク・マネジメントの異同 ‥‥‥‥‥‥‥‥‥‥‥‥‥ *40*

　　1）リスク・マネジメントとは、何か？　*40*

　　2）リスク概念の変遷　*41*

　　3）内部統制とリスク・マネジメントとの違い　*42*

　　　（付属解説3-クライシス・マネジメント）　*43*

目次　*v*

第3章　リスクの種類と対応、業務手続との関係

3-1　リスクの発生 ……………………………………………………… *46*

　　1）行動に伴って発生するリスク　*46*

　　2）外部から与えられるリスク　*46*

　　　（付属解説4－外部から与えられるリスクへの対応）　*47*

3-2　行動に伴って発生するリスクの分類 ……………………… *48*

　　1）経営戦略に係るリスク　*48*

　　2）業務の有効性に係るリスク　*48*

　　3）業務の効率性に係るリスク　*50*

　　4）業務の正確性に係るリスク　*51*

　　5）不正行為に係るリスク　*51*

　　6）資産の保全に係るリスク　*52*

　　7）情報資産の保全に係るリスク　*53*

　　8）損失の危険に係るリスク　*54*

　　9）正確な報告に係るリスク　*55*

　　10）信頼性ある財務報告に係るリスク　*56*

　　11）法令等の遵守に係るリスク　*57*

　　12）倫理観の保持に係るリスク　*58*

3-3　リスクへの対応（内部統制整備）の例 ………………… *60*

　　1）内部統制の特徴　*60*

　　2）経営戦略に係るリスクへの対応　*61*

　　　（付属解説5－二層の内部統制）　*61*

　　3）業務の有効性と効率性のリスクへの対応　*63*

　　4）業務の正確性に係るリスクへの対応　*65*

　　5）不正行為に係るリスクへの対応　*65*

　　6）資産の保全に係るリスクへの対応　*66*

　　7）情報資産の保全に係るリスクへの対応　*67*

　　8）損失の危険に係るリスクへの対応　*68*

　　9）正確な報告に係るリスクへの対応　*69*

　　10）信頼性ある財務報告に係るリスクへの対応　*69*

vi　目　次

　　　11）法令等の遵守に係るリスクへの対応　　*70*
　　　12）倫理観の保持に係るリスクへの対応　　*71*

3-4　整備した内部統制と業務手続 ······························· *73*

　　　1）業務手続の形成　　*73*
　　　2）リスクへの対応と業務　　*75*
　　　3）各リスクと業務の関係　　*76*
　　　4）様々な内部統制　　*77*
　　　5）業務手続とリスクの対比　　*77*

3-5　各法律が求める内部統制とリスクとの関係 ················· *81*

　　　1）会社法の内部統制とリスクとの関係　　*81*
　　　2）会社法の内部統制と財務報告に係る内部統制との関係　　*83*

第4章　内部統制整備の手順

4-1　内部統制の整備とは何をすることか？ ·················· *86*

　　　1）新設会社における整備　　*86*
　　　2）既存会社における有効性評価　　*87*
　　　　（付属解説6の1－統制活動と内部統制）　　*89*
　　　　（付属解説6の2－統制環境の重要性）　　*89*

4-2　内部統制の有効性評価の手順 ···························· *91*

4-3　会社内の業務の理解 ··································· *93*

　　　1）業務の種類　　*93*
　　　2）部署と業務　　*93*

4-4　重要なリスクの識別 ··································· *94*

　　　1）リスクの洗出し　　*94*
　　　2）リスク評価　　*95*
　　　3）優先順位の設定　　*97*

4-5　重要なリスクに関係する業務と部署の把握 ··············· *99*

　　　1）業務プロセス分析　　*99*
　　　2）業務とリスクの関連付け　　*100*

目次　*vii*

4-6　リスクが在る箇所の識別 ……………………………………………………… *102*

4-7　リスクに対応する既存の内部統制の識別と評価 ………………………… *103*

1）内部統制のレベル　*103*

2）識別・評価の対象　*103*

3）統制活動と情報　*106*

4）統制活動とモニタリング　*106*

（付属解説 7－モニタリング）　*107*

4-8　弱い内部統制の改善提案 ……………………………………………………… *108*

1）有効性の判断基準　*108*

2）残存リスクの評価　*108*

3）改善提案　*110*

4-9　財務報告に係る内部統制評価の手順 ……………………………………… *113*

1）評価対象　*113*

（付属解説 8－財務報告上のリスク）　*114*

2）リスクに深く係る業務　*115*

3）リスクの識別　*116*

4）内部統制の識別　*118*

5）有効性評価　*118*

6）内部統制報告書の作成　*119*

第5章　担当者の知識・スキルのアップ

5-1　内部統制整備は経営者の責任 ……………………………………………… *122*

1）経営者の義務　*122*

2）誰に担当させるか？　*122*

3）業務プロセス監査の活用　*122*

5-2　業務プロセス監査の特徴 …………………………………………………… *124*

1）ゼロにはできないが、少なくはできる　*124*

2）工場の品質管理との共通点　*124*

3）財務諸表監査との比較　*125*

viii 目 次

5-3 業務プロセス監査に必要な要素 ·· *129*

　1）人 材　*129*

　2）知 識　*130*

　3）メソドロジー　*130*

　4）テクノロジー　*131*

5-4 専門部署の新設とアウト・ソーシング ································ *132*

　1）内部監査部門の設置　*132*

　2）業務プロセス監査のアウト・ソーシング　*133*

　3）アウト・ソーシングのメリット／デメリット　*133*

第6章　会社の意思決定業務に関係する内部統制

6-1 会社の内部統制の目的 ·· *138*

　1）自社のリスクに対する内部統制　*138*

　2）二層制の体制　*138*

　3）意思決定業務プロセス　*140*

6-2 経営目的の設定 ·· *141*

6-3 外部関係者とのコミュニケーション ······························· *143*

第7章　会社の基幹業務に関係する内部統制

7-1 商品開発 ··· *146*

　1）商品コンセプトの決定　*146*

　2）商品仕様の決定　*148*

　3）商品設計・試作・テスト　*149*

　4）生産工程の設計　*151*

7-2 顧客開拓 ··· *153*

　1）需要予測と販売計画　*153*

目 次　*ix*

　　　　2）マーケティング　*155*

　　　　3）販売活動　*156*

7-3　購 買 ……………………………………………………………………… *159*

　　　　1）購買計画　*159*

　　　　2）発 注　*162*

　　　　3）検収・受入れ　*163*

　　　　4）支払い　*165*

7-4　原材料管理 ……………………………………………………………… *167*

　　　　1）在庫計画　*167*

　　　　2）現物管理　*169*

7-5　生 産 ……………………………………………………………………… *171*

　　　　1）生産計画　*172*

　　　　2）生産統制　*174*

　　　　3）原価管理　*176*

　　　　4）品質管理　*178*

　　　　5）商品保管　*180*

　　　　　（付属解説9－陳腐化や死蔵品が発生する外的要因）　*182*

7-6　販 売 ……………………………………………………………………… *183*

　　　　1）受注・出荷指示　*183*

　　　　2）梱包・出荷　*185*

　　　　3）輸 送　*186*

　　　　4）売上記録・請求　*187*

　　　　5）売掛金保全・回収　*188*

7-7　アフターセールス・サポート ………………………………………… *191*

　　　　1）顧客サービス　*191*

　　　　2）クレーム・苦情処理　*193*

第8章　会社の支援業務に関係する内部統制

8-1　情報システム …………………………………………………………… *196*

x　目　次

　　　1）情報システムの開発　*196*
　　　2）情報システムの運用と保守　*199*
　　　3）情報セキュリティ　*200*
　　　　（付属解説10－不正アクセスの目的）　*202*
　　　4）コンテンジェンシー・プラン　*202*

8-2　人的資源の確保 ⋯⋯⋯⋯⋯⋯⋯⋯⋯⋯⋯⋯⋯⋯⋯⋯⋯⋯ *205*
　　　1）人事方針　*205*
　　　2）採用・配置　*207*
　　　3）労働時間・給与　*209*
　　　4）労働環境　*210*
　　　5）人事考課、昇給、昇進・昇格　*212*
　　　6）能力開発　*214*

8-3　資金の確保 ⋯⋯⋯⋯⋯⋯⋯⋯⋯⋯⋯⋯⋯⋯⋯⋯⋯⋯⋯⋯⋯ *217*
　　　1）資本調達　*217*
　　　2）資金繰り　*219*
　　　3）現金等管理　*221*

8-4　財務報告 ⋯⋯⋯⋯⋯⋯⋯⋯⋯⋯⋯⋯⋯⋯⋯⋯⋯⋯⋯⋯⋯⋯ *223*
　　　1）財務諸表の作成　*223*
　　　2）税務申告　*225*

8-5　研究開発 ⋯⋯⋯⋯⋯⋯⋯⋯⋯⋯⋯⋯⋯⋯⋯⋯⋯⋯⋯⋯⋯⋯ *228*
　　　1）研究開発計画　*228*
　　　2）研究開発プロジェクトの管理　*230*
　　　3）特許管理　*232*

（参考文献）

第1章
内部統制とはなにか？

　内部統制は、すべての組織の業務手続の中に存在し、組織にとって好ましくない行為や事象が発生するのを予防し、もし発生した時は早期に発見して好ましくない状態の拡大を防ぎ、元の正しい状態に戻すための仕組みです。

　この仕組みは、組織にとって好ましくない行為や事象が発生する可能性や、発生したときの影響を合理的なレベルまで低減するための仕組みとも呼ばれています。

　この仕組みの概念は、長い年月の議論を積み重ねて、形成されたものです。

　本章では、内部統制の概念の変遷と構成要素について見ていきます。

1-1 内部統制概念の変遷

　内部統制は、組織にとって好ましくない行為や事象が発生する可能性と、発生した場合の影響を合理的なレベルまで低減するための仕組みで、毎日の業務の中に組み込まれています。したがって、我々が目にするのは内部統制ではなく、業務手続であり、毎日の仕事になります。

　この内部統制の概念は歴史的に変化し、拡大してきました。以下では、その変遷を見ていきます。

1) 産業革命と内部統制

　近代的な内部統制の議論の始まりは、産業革命で誕生した大量生産設備の購入資金が必要になった時点であると考えられます。

　事業用資金を調達するには、その提供者である投資家に対して会社の経営成果と財政状況を定期的に報告する必要があります。その報告に利用されたのが、監査済みの財務諸表です。

　しかし、産業革命以降、急拡大した経済活動を反映した会社の財務諸表の正確性、網羅性、公正性について監査するイギリスの会計士たちは、実施する手続が膨大な量に増えたことに頭を悩ましていました。

　大量生産が始まる前は、会社の取引量は少なく、すべての取引について記録が正しいことを監査していた会計士たちですが、膨大になった取引のすべての正確性を監査することは、もはや不可能になったのです。

　難題に頭を抱えていた会計士たちですが、やがて、財務諸表に含まれるすべての取引記録と勘定残高を調査して検証する必要はないことに気がついたのです。取引を正確に記録するために会社の中で行われている業務処理のプロセスが適切であることが確認できたならば、そのプロセスにある程度の信頼を置いてもよいことを認識したのです。

　これによって、従来の全量チェックからテストベースで監査作業を実施

する合理的な根拠を得ることができ、作業量を大幅に限定することができたのです。

このときにイギリスの会計士たちは"会社内部に設けられた、会計記録を正しくするための統制"という意味で「インターナル・アカウンティング・コントロール」という言葉を使用するようになりました。これの和訳である内部会計統制が、内部統制の始まりと考えられます。

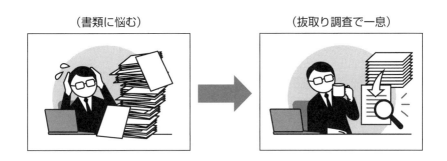

2）内部統制の定義の明文化

このように、近代的な内部統制の概念が最初に取り入れられたのは財務諸表監査の分野においてであり、財務諸表監査をより効率的に計画し実施するための監査基準においてです。

内部統制の定義が財務諸表の監査に関連して公に語られたのは、アメリカ公認会計士協会（1956年からこの名称）の前身が1949年に公表した『Internal Control-Element of a Coordinated System and Its Importance to Management and the Independent Public Accountant』においてです。

ここでは、「内部統制は業務管理の諸規定に違反するのを防止し、業務を効率的に進め、会計データの正確性と信頼性をチェックし、保有する資産の保全をするために会社内において採用する方法と手段、及び経営計画で構成される」ものと定義されました。

4　第1章　内部統制とはなにか？

　この定義は、直前に起きた大会社の不正な財務報告の再発防止の意味合いが大きかったので、内部統制は会計や財務報告を広く超えた範囲をカバーしたものとなっています。そのために、財務諸表監査のためにはどのような内部統制を調査すれば充分なのかについて悩んでいる公認会計士に対して、明確な解答を与えることはできませんでした。

　その後1958年、1963年、1973年に公表された監査基準は内部統制を会計統制と管理統制に分けて説明していますが、ここでもそれらの例を示しただけで、財務諸表の監査で調査すべき内部統制の範囲は明確に示されませんでした。

3) アメリカの監査基準書55号

　アメリカでは、1988年に監査基準書55号『財務諸表監査における内部統制の構造の検討（Consideration of the Internal Control Structure in a Financial Statement Audit)』が公表されました。

　この基準書は、"内部統制は統制環境、会計システム、統制手続の3つから構成され、財務諸表の虚偽表示を防止するための内部統制が有効であるかどうかを評価するにはこれら3つの点を考慮しなければならない"としています。

　ここでは会計統制、経営統制という区分はされておらず、新しく統制環境を内部統制の構成要素として取り入れてきており、従来の会計統制よりも広い範囲の内部統制の検討を要求しているのが特徴です。

　ちなみに、3つの構成要素の内容は、**図表1－0**のとおりです。

1-1 内部統制概念の変遷 **5**

図表 1 － 0：監査基準書 55 号の内部統制の構成要素

統制環境	経営者の経営理念、経営姿勢、取締役会などの機能、組織構造、経営管理の方針など
会計システム	会社の取引を識別、集計、分析、分類、記録、報告し、関連する資産や負債について記録し管理責任を果たすために設けられた方法と記録
統制手続	取引の承認、職務の分離、記録方式、資産の保全、現物と記録の照合など

4）92 年 COSO レポート

① 内部統制の定義

　1992 年にアメリカで発表された内部統制の枠組みについての報告書、通称、92 年 COSO（コソ）レポート（以下、単に「COSO レポート」という）は「内部統制は、業務の有効性と効率性、財務報告の信頼性、関連法規の遵守に分けられる 3 つの目的の達成に関して合理的な保証を提供することを意図した、会社の取締役会、経営者及びその他の構成員によって遂行されるプロセスである」と定義しています。

② 有効性判断の基準

　3 つの目的を達成するための内部統制が有効であると判断するには、統制環境、リスク評価、統制活動、情報と伝達、モニタリングの 5 つの構成要素が日常の業務プロセスに組み込まれて、3 つの目的を達成するために機能していなければならないとしています。

③ 公表の経緯と限界

　COSO レポートが公表されたのは、以下の経緯からです。

- 当時頻発していた不正な財務報告を防ぐには、有効な内部統制が必要であること

6　第1章　内部統制とはなにか？

- 公認会計士は、会社の財務報告に関わる内部統制の有効性を評価しなければならないこと
- 内部統制の有効性を判断する合理的な基準が必要なこと

これに応えるために、作成・公表されたのがCOSOレポートです。

　詳細は次項「1－2　COSOレポート」で取り上げますが、COSOレポートは、内部統制の有効性を評価するための基準として使用できるものとして位置付けられています。

　しかし、その作成・公表の経緯から、財務報告に関わる内部統制の有効性評価に力点が置かれ、業務の有効性と効率性、関連法規の遵守に関する言及は限定的です。

5）マルコム・ボルドリッジ基準

　1988年に設定されたマルコム・ボルドリッジ国家品質賞（別名：アメリカ国家品質賞、あるいはマルコム・ボルドリッジ賞）は、米国の産業の国際競争力を高めるためにつくられた賞です。

　この賞の評価基準には、リーダーのコミットメント、経営戦略をアクションプランに落としていくプロセス、顧客ニーズの把握の方法、必要な人材の育成、業績を分析するための情報やデータの利用、より良い業績を上げるためのプロセス、などがあります。

　マルコム・ボルドリッジ国家品質賞の基準は、会社をどのように運営すべきか、どうすればより高い業績があげられるかという点に焦点を当てており、COSOレポートが扱っていない経営戦略計画や顧客満足度を取り上げ、経営業績に影響を与える内部統制プロセスに多くの頁を割いています。マルコム・ボルドリッジ国家品質賞の基準は、事業を成功に導くための具体的な基準を経済界に提示したといえます。

　マルコム・ボルドリッジ国家品質賞の考え方は世界中に伝播し、日本では1995年から日本経営品質賞として、社会経済生産性本部が中心となって運営しています。

1-2 COSO レポート

1992 年にアメリカのトレッドウェイ委員会支援組織委員会（通称、COSO）は『Internal Control-Integrated Framework』というタイトルの報告書を公表しました。この報告書は、他の COSO の報告書と区別するために、92 年 COSO レポートと呼ばれることがありますが、本書では単に COSO レポートと言います。

この COSO レポートは内部統制の有効性を評価するための規準として使用できるものとして、世界の主要国に受け入れられています。また、コーポレート・ガバナンスのための内部統制の役割を理解するのに多大な貢献をした功績も、認められています。

1) 概要

COSO レポートは、内部統制は経営活動に携わる人々の行動を統制し、人々が効率よく効果的に業務を行い、信頼できる方法で財務諸表を作成し、法律や規則に違反しない仕組みを提供するものとして、次のように定義しています。

「内部統制は、(1) 業務の有効性と効率性、(2) 財務報告の信頼性、(3) 関連する法規の遵守の 3 つの目的の達成に関して、合理的な保証を提供するために設計された、会社の取締役会、経営者及びその他の従業員によって影響を受ける、プロセスである」

COSO レポートは、3 つの目的を達成するための内部統制が有効であると判断するには、**統制環境、リスク評価、統制活動、情報とその伝達、モニタリング**の 5 つの構成要素が日常の業務プロセスに組み込まれて、3 つの目的を達成するために機能していなければならないとしています。

また、その 3 つの目的は、地理的あるいは事業分野によって分離される

8　第 1 章　内部統制とはなにか？

組織単位ごとに達成しなければならないとしています。

　3つの目的、5つの構成要素、組織単位の関係を示すと、**図表 1 － 1**のようになります。

図表 1 － 1：内部統制の目的、構成要素、組織単位の関連図

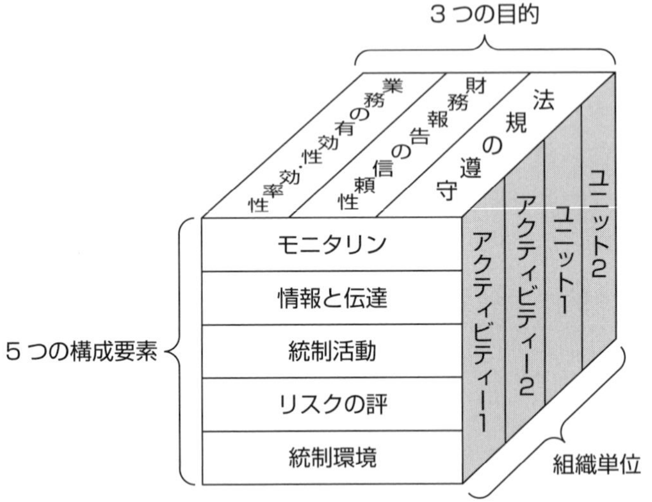

2) COSO レポートの特徴

　COSO レポートの内部統制の定義と構成要素は広範囲に及ぶもので、それまでの会計分野に限定した内部統制（会計統制）の概念を置き換えるものです。

　以下に、このレポートの特徴を取り上げます。

① 広範な統制目的

　COSO レポートの特徴の第 1 は、繰り返しになりますが、内部統制の目的として単に財務報告だけでなく、事業活動を統制することと、会社で働く人々の活動が法律等を遵守して行われるように統制することにまで、

広げていることです。

各組織は、経営目標を立て、それを達成するための戦略を立てます。具体的な達成目標は各組織によって異なりますが、多くの組織に共通のものもあります。これらの目標は、(1) 会社の資源の効果的、効率的な使用（業務の有効性と効率性）、(2) 信頼性のおける公表財務諸表の作成（財務報告）、(3) 該当する法規の遵守（法令等の遵守）の3つのいずれかに属します。多くの達成目標は、同時に、(1) ～ (3) の複数に属することもあります。

組織の業務の中に整備されている内部統制の約80％は業務の有効性と効率性に係るもので、残り20％が財務報告と法令等の遵守に係るものだとも言われています。したがって、業務の有効性と効率性に係る内部統制を整備すれば、組織の内部統制の80％をカバーできることになるのですが、COSOレポートは業務の有効性と効率性に係る内部統制の詳細については言及していません。

（組織の内部統制全体に占める割合）

財務報告と法令等の遵守に係る内部統制 20％
業務の有効性と効率性に係る内部統制 80％

3つの目的に対して、内部統制は、以下のように機能します。

- 内部統制は、外部の関係者が設定した基準を満たすことが達成目標である財務報告や法令等の遵守に関しては、統制活動を十分に実施することによって合理的な保証を提供することができます。
- しかし、収益や市場占有率の確保、新商品の開発などの業務目的の達

成に関しては、合理的な保証を提供することはできません。なぜなら、内部統制は、経営者の判断や決定の失敗、競争相手の行動などの外的要因の発生を統制することができないからです。
- しかし内部統制は、業務目的の達成にあたり組織がどのような状況にあるかを経営者や取締役会に適時に知らせる情報の正確性について、合理的な保証を提供することができます。

② **合理的な保証**

　COSO レポートは、内部統制は 3 つの目的が達成されるための**合理的な保証**を与えるものであることを明らかにしています。これは裏返せば、内部統制はこれらの 3 つの目的が絶対に達成されることを保証するものではないことを意味しています。

　その理由としては、内部統制は目的の達成を阻害する要因（リスク）を合理的なレベルまで低減するために整備しますが、リスクに対して万全ではなく、以下のような内部統制の固有の限界を抱えているからです。

- 内部統制は人間が運営するので、システム（仕組み）は十分でも、それを運用する人間が統制のための活動の意図を誤解し、運用を誤れば機能しなくなる。
- 内部統制は、牽制機能を持つ 2 人以上の人間の共謀や、牽制機能の枠外におかれている経営者や管理者の悪意による違反行為など、故意的なシステム破壊に対しては機能しない。

- 内部統制は統制のためのコストと得られるベネフィットを比較して、かつ有限な組織の資源（人と費用）をより重要なリスクの低減に振り向けているので、内部統制が整備されていない業務から事故や事件が発生する可能性がある。

③ 人間の関与

内部統制は、組織の取締役会、経営者及びその他の従業員が構成し、これらの人間が内部統制の目的を設定し、統制のメカニズムを運用します。これらの人間が、何をし、何を言うかによって内部統制は影響を受け、同様に、内部統制はこれらの人間の行動に影響を与えます。

組織の各従業員は、それぞれの経験と技術的能力を職場に持ち込んでおり、それぞれの職場に対するニーズや優先順位も異なります。しかし、内部統制が有効であるためには、組織の達成目的と各人の仕事及びその実施方法との間には密接な関連が必要であり、内部統制を構成する人間が自分の責任の範囲と権限の限度を理解している必要があります。

④ プロセス

内部統制は単一の事象や状況ではなく、組織の活動に広くかかわる人々の連続的な活動、すなわちプロセスです。組織の経営は、計画立案、その実施、結果の監視という基本的なプロセスを通して行われますが、内部統制はその一部であり、業務手続に組み込まれているのです。

内部統制は経営活動のインフラとして業務手続に組み込まれ、仕事の一部となっている場合に最も効果を発します。

3）内部統制の構成要素

COSO レポートは内部統制の構成要素として、**図表１－２**に示した５つを挙げています。

これらの構成要素は相互に影響し合うもので、ある構成要素が次の構成

要素に影響するという直線的な関係ではありません。ある構成要素は他の構成要素に影響を与え、そして影響を受けるという関係にあります。

　ある目的を達成するための組織の業務プロセスの中にこれら5つの構成要素が存在し、それらが意図したとおりに機能することによって内部統制は有効に機能します。

　組織の業務の中でこれらの構成要素が機能しているかどうかを検討するにあたっては、あるいは構成要素が機能するように内部統制を設計・導入するにあたっては、組織全体レベルで整備する統制と業務レベルで整備すべき統制を分けて検討します。

　なぜなら、組織全体レベルで検討すべきことは組織のすべての業務に影響することとであり、業務レベルで検討すべきことは影響が各部署単位だからです。

図表1-2：COSOレポートの内部統制の構成要素

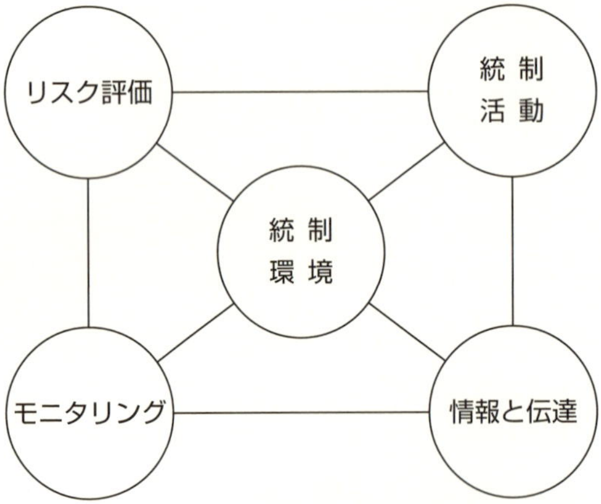

リスク評価 — 統制活動
統制環境
モニタリング — 情報と伝達

　図表1-3は、内部統制の各構成要素の内容を説明したものです。これはCOSOレポートを基に、筆者の意見を付け加えたものです。

1-2 COSOレポート **13**

図表1-3：内部統制の構成要素の内容

統制環境	統制環境は、組織の方針及び手続、組織構造において内部統制が強調される度合い、内部統制の重要性に対する取締役会、経営者、各業務プロセスの責任者、及びその他の関係者の全体的な姿勢及び意識、行動などで構成される。 　取締役会等が定める経営理念や倫理規程、行動規範なども、統制環境の一部である。 　統制環境は、会社の活動を組み立て、組織の目的を設定し、そしてリスクを評価する際の方法、統制活動、情報と伝達システム、モニタリングに対して影響を与える。
リスク評価	リスク評価は、有効な内部統制を設計し導入するために、ある目的の達成を阻害するかもしれないリスクを識別し、それが組織に与える影響の大きさを測定するプロセスである。 　従来の事業を継続する場合でも、政府の社会・経済政策の変更、法律や規則の変更、消費者の嗜好の変化に合わせた新しい経営戦略の採用などで、組織に新しいリスクが発生しているかもしれないので、リスク評価は定期的に行わなければならない。
統制活動	統制活動は、経営者の命令が確実に実行されるようにするために定めたもので、方針、プロセス、手続からなる。 　方針は、何を何故行うかを定めたものである。プロセスは、この方針を実施するために、誰が、いつ、どこで、何をやるかについての手順である。手続はプロセスを構成する各作業をどのようにやるかを定めたものである。 　統制活動は、内部統制の3つの目的を達成するための活動に分けることができる。ある活動がこのいずれか1つの目的のために行われることもあれば、2つ以上の目的に関係することもある。
情報と伝達	情報と伝達は、組織の業務を遂行及び監督する上で必要な情報を把握し交換するプロセスで、各従業員がその責任を果たし得るタイミングと様式で情報を把握して、それを適切な従業員、管理職、あるいは経営者へ提供する。 　情報及び伝達システムの品質は、経営者が組織の事業運営に関し適切な決定を下し、信頼性ある報告を行う能力に影響する。
モニタリング	モニタリングは、内部統制のすべての構成要素が意図されたとおりに機能しているか否かを検討し、環境の変化に対応するように内部統制を適切に修正するプロセスである。 　モニタリングには、業務プロセスの責任者が自分の責任範囲である業務プロセスの統制活動の実施状況を業務の一部として監視する日常的モニタリングと、主として内部監査部が日常業務とは離れた立場で内部統制の各構成要素が機能していることを監視する独立評価がある。

1-3　日本の内部統制評価基準

1）リスク新時代の内部統制

　2003 年に経済産業省のリスク管理・内部統制に関する研究会が公表した「リスク新時代の内部統制―リスクマネジメントと一体となって機能する内部統制の指針」は、内部統制を「会社がその業務を適正かつ効果的に遂行するために、社内に構築され、運用される体制及びプロセス」であるとしています。

　この報告書は会社の不祥事等で顕在化した問題に対処しつつ、会社がその価値を維持・増大していくために何をするべきかをテーマとし、会社の広範な業務の適正かつ効率的な遂行に役立つ具体的な指針を作成することを目指したものです。

　この報告書では、経営者の意識と行動が会社におけるリスク・マネジメントと内部統制のあり方と水準を規定し、会社の行動全般のあり方に大きな影響を及ぼすこととなるとして、経営者がリスク・マネジメント及び内部統制に密接に関わっていることを明確にしています。

2）コーポレート・ガバナンス及びリスク管理・内部統制に関する開示・評価の枠組み

　2005 年に経済産業省の会社行動の開示・評価に関する研究会は「コーポレート・ガバナンス及びリスク管理・内部統制に関する開示・評価の枠組み－構築及び評価のための指針」を公表しました。

　この報告書は、会社価値を大きく毀損する不祥事発生の防止を含む会社の持続的、健全な成長の土台を築き、ひいては会社の体力を滋養することにより収益力や競争力といった会社価値の維持・増大につなげることを目的に、会社経営者がコーポレート・ガバナンス及びリスク管理・内部統制

を構築して、それらを開示する際に参考となる指針を提示し、会社の実際の取り組みについて促進するための枠組みを提示したものです。

コーポレート・ガバナンス及びリスク管理・内部統制の構築と開示は、会社法、金融商品取引法等において求められており、本報告書は「経営者は、コーポレート・ガバナンス及びリスク管理・内部統制に係る体制を単に開示するだけでなく、実際に会社経営者が行っている取組みが機能していることまで含めて開示すべきである」としています。

この報告書の「6. 構築及び開示のための指針」は"この報告書は、取締役会が内部統制整備の基本方針を定める、あるいは経営者が内部統制を整備する際の参考として扱われることを目的にしている"ことを述べています。

3) 財務報告に係る内部統制の評価及び監査の基準

2007年2月16日に企業会計審議会が公表した「財務報告に係る内部統制の評価及び監査の基準」「I 内部統制の基本的枠組み」は、内部統制を「業務の有効性及び効率性、財務報告の信頼性、事業活動に係る法令等の遵守、資産の保全の4つの目的を達成するために、会社内のすべての者によって遂行されるプロセス」と定義し、統制環境、リスクの評価と対応、統制活動、情報と伝達、モニタリング、ITへの対応の6つの基本的要素から構成されるとしています。

内部統制の基本的枠組みは、経営者による財務報告に係る内部統制の評価及び報告の基準、及び監査人による財務報告に係る内部統制の監査の基準の前提となる内部統制の概念的な枠組みです。

そのため基本的枠組みは、内部統制の基本的要素（構成要素のこと）について一般的な説明をしたあとに、財務報告の信頼性に関係した内容の説明を行っています。

1-4 内部統制の実状

1）好ましくない行為や事象の選別

　繰り返しになりますが、内部統制は、組織にとって好ましくない行為や事象（リスク）が発生する可能性と、発生した場合の影響を合理的なレベルまで低減するための仕組みです。

　しかし、好ましくない行為や事象（実際に起こる出来事や現象）は、組織によって異なります。ある組織にとっては何でもない行為や事象が、別の組織にとっては大問題ということがあります。

　したがって内部統制を整備する際は、自分の組織にとって何が好ましくない行為や事象なのか（リスク）を洗い出し、その評価を実施し、内部統制を整備しなければならない重要なリスクを識別する必要があります。

（好ましくない行為や事象の選別の流れ）

2）80％は業務に係る

　繰り返しになりますが、内部統制は、①業務の有効性と効率性、②法令等の遵守、③信頼性ある報告、④不正の防止、その他の目的を達成するために整備するものです。

　そして、業務の中に整備されている内部統制の約80％は業務の有効性

と効率性に関するものだと言われています。すなわち、それ以外の目的のために整備された内部統制は、20％にすぎません。

金融商品取引法は、信頼性ある財務報告を確保するための内部統制の整備を求めていますが、虚偽の財務報告は消失した資産を隠蔽することと、業績の改ざんを行うために行われると言われます。

すなわち、資産の横領に関わる不正を防止・発見するための内部統制を整備すれば、不正な財務報告の大部分は回避できる可能性があります。言い換えれば、純粋に虚偽の財務報告のみの内部統制はほんの僅かであると言っても過言ではないでしょう。

3）複数の目的の同時達成

繰り返しになりますが、内部統制は、①業務の有効性と効率性、②法令等の遵守、③信頼性ある報告、④不正の防止、⑤資産の保全、などの目的を達成するために整備するものです。

しかし、各目的を達成するための内部統制は、各々独立したものではなく、互いに絡み合っています。すなわち、業務の有効性と効率性のために整備した内部統制は、業務の有効性と効率性を達成するためにだけ有効なものがある一方、法令等の遵守や信頼性ある財務報告にも有効なものがあります。業務手続に組み込まれている個々の内部統制は、同時に複数の目的の達成に有効に機能しているのが普通です。

例えば、売掛債権を確実に回収するために作成する"売掛金の年齢調べ表"は、資産（売掛金）の保全のための内部統制ですが、売掛金の回収可能性を吟味し、回収可能な金額を貸借対照表に表示するため、すなわち、信頼性ある財務報告のためにも機能しています。

つまり、"1つの統制活動は、同時に複数の目的を達成することができる"ことを念頭に置けば、効率よく内部統制を整備することができるのです。

18　第 1 章　内部統制とはなにか？

4）統制活動のレベル

①　予防的統制と発見的統制

　COSO レポートの定義によると、統制活動は「経営者の命令が確実に実行されるようにするために定めたもの」で、方針、プロセス、手続からなります。

　この統制活動には、組織にとって好ましくない行為や事象（リスク）が発生するのを予防する、もしく発生可能性を低減させる活動（予防的統制）と、発生した場合に早期に発見し、その影響を低減させるための活動（発見的統制）があります。

　一般的に、予防的統制は、業務手続の 1 つひとつに対して事前予防的に実施されるために、時間とコストが多くかかる傾向にあります。これに対して発見的統制は、例えば、1 か月間の業務手続の結果に対して事後的に適用されるために、コストを抑えて効率的な実施が可能です。

（予防的統制と発見的統制の例）

（統制の種類）	（活動の例）
予防的統制	取引の承認、職務分離、ダブルチェック、アクセス権限者の限定
発見的統制	資産の記録と現物の定期的照合

（詳細は、**図表 4 - 9** を参照してください。）

②　両方の組合せ

　統制活動は、予防的統制と発見的統制に属する手続の組合せであり、両者は相互にトレード・オフの関係にあります。

　すなわち、予防的統制に属する手続を強化すれば発見的統制のレベルは引き下げることが可能であり、発見的統制に属する手続を強化すれば、予防的統制のレベルは引き下げることができます。

　しかし、いずれか一方に属する統制手続のみでは不十分であり、両者の

組合せが望ましいとされています。

③ 統制活動のレベル

　統制活動は、予防的統制及び発見的統制に属する手続が多いほど、統制活動のレベルは強化されます。しかし、それに伴い、手数とコストは余計にかかります。したがって、統制活動を整備する際には、どの程度のレベルの統制が必要なのかを考慮する必要があります。

　必要とされる統制活動のレベルは、残存リスクの大きさを許容範囲内に抑えるレベルです。すなわち、個々のリスクに対して整備する統制活動のレベルは、個々の残存リスクを許容範囲内に納めるレベルでなければなりません。

5）内部統制の限界と本質的役割

　内部統制はリスクに対して万全ではなく、いかに内部統制を整備してもリスクの発生を完全に抑え込むことはできません。

　実際、リスク・マネジメントに有名な会社でも事故は発生しています。しかしながら忘れてならないのは、このような会社ではリスクを低減する内部統制を整備して、外部に報じられないたくさんのリスクの発生を未然に防いでいるということです。

　内部統制の本質的な役割は、リスクの発生を完全に抑え込むことではなく、適切に制御しリスクの発生可能性と、発生した場合の影響を合理的なレベルまで低減できるように、適切な情報をタイムリーに提供することなのです。

6）各構成要素に属する統制の例

　経営者が設計・導入する内部統制はCOSOレポートが掲げる5つの構成要素のいずれかに関係しています。ある統制が複数の構成要素に関係していることもあります。

20　第1章　内部統制とはなにか？

　例えば、統制環境に属する統制である行動規範や倫理規程、リスク評価プロセス、内部監査機能は、それぞれ、統制活動、情報と伝達、モニタリングにも関係しています。

　図表1－4は、多くの会社で実施されている統制、特に会社全体レベルの統制が、内部統制の構成要素のいずれに関係しているかを示したものです。

　図表1－4に示した内部統制の具体例はすべての会社に備わっていなければならないというものではありません。また、ここに示した内部統制の具体例は一例であり、すべてを網羅したものでもありません。

　それでも、読者の皆様方が自分の会社に備わっている内部統制がCOSOの構成要素のどれに属するか、さらには、備わっている内部統制が十分かどうかを検討する際の参考になると思われます。

（付属解説1－経営目的と経営目標）

　本書では、組織が社会で果たす役割、もしくは組織の存在意義を明確にしものを「組織の経営目的」と呼びます。

　これに対し、組織の経営目的を果たすために、組織が達成すべき個別具体的な当面の目標を「経営目標」と呼びます。

図表 1 － 4：COSO の内部統制の構成要素に関係する統制の例

（統制の例）／（内部統制の構成要素）	統制環境	リスク評価	統制活動	情報と伝達	モニタリング
行動基準、倫理規程	X		X		
報酬制度、人事考課などの人事方針	X				
不正防止のためのホットライン	X			X	
職務分離に関する規定	X		X		
承認権限規程	X		X		
職務規程、業務マニュアル	X		X	X	
IT の全般統制の方針	X				
IT のセキュリティ方針	X			X	
事業上のリスクを識別するリスク評価制度	X	X			
財務報告上のリスクを評価する制度	X	X			
会計規則の変更と会社への影響を監視する部署の設置		X		X	X
経営者による業績評価のレビュー制度			X		X
会計方針の制定、変更を社内に伝達する定例会議			X	X	
統一会計方針、勘定科目一覧表、連結パッケージの設定			X		
財務報告でキーになる人の研修制度			X	X	
地理的に離れている人に情報を伝達する方針と手続	X			X	
定期的な内部統制の有効性評価の方針と手続	X		X		X
内部統制の有効性を評価する内部監査部門の設置					X
監査役及び取締役会による財務報告システムの監視の方針と手続	X				X

第2章
内部統制に関する法律等

　会社法や金融商品取引法、地方自治法は、内部統制の整備を求めています。しかし、整備といってもゼロから始めることを求めるものではなく、既存の業務手続に組み込まれている内部統制が有効であるか否かを評価して、適切でない場合は改善することを求めるものです。

　本章では、各法律が整備を求める内部統制の内容を見ていきます。

2-1　会社法（6つの内部統制）

　会社法は、債権者など会社を取巻く利害関係者の保護のために必要な6つの内部統制の整備を求めています。

1）会社法の規定

　会社法（第362条第4項第6号）及び会社法施行規則（第100条第1項）は、会社が整備すべき"体制"（内部統制）として、以下の6つを定めています。

- 取締役の職務の執行が法令及び定款に適合することを確保するための体制
- 取締役の職務の執行に係る情報の保存及び管理に関する体制
- 損失の危険の管理に関する規程その他の体制
- 取締役の職務の執行が効率的に行われることを確保するための体制
- 使用人の職務の執行が法令及び定款に適合することを確保するための体制
- 株式会社並びにその親会社及び子会社から成る企業集団における業務の適正を確保するための体制

2）体制の整備の決定に対する各機関の責務

①　取締役会

　会社法第362条第4項第6号により、取締役会は「取締役の職務の執行が法令及び定款に適合することを確保するための体制、その他株式会社の業務の適正を確保するために必要なものとして法務省令で定める体制の整備」（内部統制整備の基本方針）について**決定**しなければなりません。

　大会社では、必ず**取締役会で**、この決定をしなければなりません。

　他方、大会社以外の会社では、この決定をすることは義務付けられてい

ません。それでも、内部統制整備の基本方針を決定する場合は取締役会で決定しなければならず、代表取締役等に一任することはできません。

② 代表取締役及び業務担当取締役

会社の業務は代表取締役と業務担当取締役が執行します。その業務には内部統制を整備することも含まれます。

代表取締役と業務担当取締役は、取締役会が決定した"内部統制整備の基本方針"に従って、内部統制を整備します。

③ 監査役

監査役は、取締役会が決定した内部統制整備の基本方針が相当であるか否かを監査し「取締役会の決定の内容が相当でないと認めるときは、その旨及びその理由」を監査報告に記載しなければなりません。

監査役は取締役の職務の執行を監査します。前述したように、取締役の職務には内部統制の整備も含まれるので、監査役は代表取締役と業務担当取締役が適切な内部統制を整備しているか否かを監査しなければなりません。

3) 整備する内部統制のレベル

① 取締役会で決定する内部統制整備の基本方針

会社法は、取締役会で決議すべき内部統制整備の基本方針の内容については触れていません。

しかし、監査役は、取締役会が決定した内部統制整備の基本方針の内容が相当でないと認めるときは「取締役会の決定の内容が相当でないと認める旨及びその理由」を監査報告書に記載し公表することになるので、取締役会で決定する内部統制整備の基本方針は"相当な内容"であること、例えば、株主や投資家などが納得する内容でなければならないと考えられます。

26 第2章 内部統制に関する法律等

② 代取締役等が整備する内部統制のレベル

会社法は、会社の業務の適正を確保するために、どのレベルの内部統制を整備するべきかについては定めていません。整備すべき内部統制のレベルについては会社の自主性に任せられています。したがって、会社は、営む事業の種類や規模、特性等に応じて、適切な内部統制を整備する必要があります。

代表取締役と業務担当取締役が整備する内部統制の範囲は、適切な内部統制を整備することに加え、整備した内部統制が意図したように運用されていることを確認し、経営環境の変化に合わせて内部統制を有効な状態に維持することを含みます。さらには、内部統制が有効であることを定期的に評価することも含まれていると考えられます。

結果として、代表取締役等が整備する内部統制は、会社にとって好ましくない影響を及ぼす行為や事象（リスク）の発生可能性と発生した場合の影響を合理的なレベルまでに低減するものでなければなりません。

なお、"リスク"の内容については**第3章**で取り上げます。

③ 内部統制が適切でない場合の責任

代表取締役等が整備した内部統制が適切でない、すなわちリスクの発生可能性と発生した場合の影響を合理的なレベルまで低減しない場合は、業務執行に責任を負う代表取締役等はもちろん、業務執行の監督責任がある取締役会のメンバーも、取締役としての善管注意義務違反を問われることになると考えられます。

代表取締役等が内部統制の整備に関して善管注意義務を果たしたことを外部に対して主張するには、一般に認められた基準に従って内部統制を整備する必要があると考えられます。

このような基準として、日本国内及び海外で公表されている多くの内部統制の評価のフレームワークがあります。

4）財務報告に係る内部統制との関係

　会社法は、すべての株式会社に対して、各事業年度に係る計算書類（貸借対照表、損益計算書その他株式会社の財産及び損益の状況を示すために必要かつ適当なものとして法務省令で定めるもの）を作成することを求めています。つまり、会社法に適合するためには、各事業年度に係る計算書類を適正に作成しなければなりません。

　したがって、明文の規定はないものの、各事業年度に係る計算書類を適正に作成すための体制を整備することは、会社法の要求に適合するための体制を整備することであり、「取締役の職務の執行が法令・定款に適合することを確保するための体制」の整備の一部であると言えます。

　したがって、取締役会で「取締役の職務の執行が法令・定款に適合することを確保するための体制」の整備について決議する際は、財務計算に関する書類その他の情報の適正性を確保するために必要な体制、すなわち、財務報告に係る内部統制についても決議する必要があると考えられます。

（付属解説２－"合理的なレベルのリスク"）

　リスクのレベルは様々な方法で測定されますが、本書では、以下の算式で求めます。

リスクのレベル＝リスクの発生可能性×発生した場合の影響の大きさ

　リスクのレベルには、何も対策をしていない場合のレベルと、内部統制を整備した後に残存しているレベルの２つがあります。

　内部統制を整備した後に残存しているリスク（残在レベル）のリスクがリスクの許容範囲内に納まっている状態を、リスクは"合理的なレベル"の範囲内にある（あるいは、十分に低減されている）と言います。

28   第2章　内部統制に関する法律等

　リスクのレベルの許容範囲は、組織全体でのリスクの許容範囲と、個々のリスク単位の許容範囲があります。通常は、個々のリスクがすべて同時に発生するとは考えられません。そのため、個々のリスクの許容範囲の単純合計は、組織全体のリスクの許容範囲を超えるのが、一般的です。

2-2　金融商品取引法（財務報告に係る内部統制）

1）要求内容

　金融商品取引法の第24条の4の4は、上場会社等は、事業年度ごとに、当該会社の属する企業集団及び当該会社に係る**財務計算に関する書類その他の情報の適正性を確保するために必要な体制**（財務報告に係る内部統制）について評価した報告書（内部統制報告書）を作成し、公認会計士または監査法人の監査を受けて、有価証券報告書とあわせて内閣総理大臣に提出することを求めています。

　この規定は、財務計算に関する書類その他の情報の適正性を確保するために必要な体制を会社が整備していることを前提に、その有効性の評価を求めるものです。

　前述したように、この体制は会社法が求める『取締役の職務の執行が法令・定款に適合することを確保するための体制』の一部でもあります。

2）内部統制の基本的枠組み

　すでに取り上げたように、企業会計審議会は、2007年2月に、財務報告に係る内部統制の評価及び監査を実施する指針となる「財務報告に係る内部統制の評価及び監査の基準」（以下、本項においては「基準」という）を公表しています。

　この基準の「Ⅰ　内部統制の基本的枠組み」は、評価及び監査の前提となる内部統制の基本的枠組みを示しています。そこで取り上げている内部統制は、会社の内部統制全体に係るものであり、財務報告に係る内部統制に限定したものではありません。

30 第2章 内部統制に関する法律等

① 内部統制の定義

　この基準は、内部統制を、**図表2-1**に掲げる一定の目的を達成するために、業務に組み込まれ、組織内のすべての者によって遂行されるプロセスであるとしています。

図表2-1：内部統制の目的

（目　的）	（内　容）
業務の有効性及び効率性	事業活動の目的の達成のため、業務の有効性及び効率性を高めること
財務報告の信頼性	財務諸表及び財務諸表に重要な影響を及ぼす可能性のある情報の信頼性を確保すること
事業活動に係る法令等の遵守	事業活動に係る法令その他の規範の遵守を促進すること
資産の保全	資産の取得、使用及び処分が正当な手続及び承認のもとに行われるように、資産の保全を図ること

② 内部統制の基本的要素

　基準は、内部統制は統制環境、リスクの評価と対応、統制活動、情報と伝達、モニタリング、ITへの対応、の6つの基本的要素から構成されるとしています。

　COSOレポートなどにも見られるように、統制環境、リスク評価、統制活動、情報と伝達、モニタリングの5つを内部統制の構成要素とするのが一般的ですが、内部統制の基本的枠組みでは、これにITへの対応を加えた6つを内部統制の基本的要素としています。これは、ITの利用が組織に浸透し、情報処理における重要性が増したことを踏まえて加えられたものです。

　6つの基本的要素の概要は、**図表2-2**のとおりです。

2-2 金融商品取引法（財務報告に係る内部統制） 31

図表２－２：内部統制の基本的要素

（基本的要素）	（概　要）
①　統制環境	統制環境とは、組織の気風を決定し、組織内のすべてのものの統制に対する意識に影響を与えるとともに、他の基本的要素の基礎になるものをいう。
②　リスクの評価と対応	リスクの評価と対応とは、組織の目標の達成に影響を与えるすべてのリスクを識別、分析及び評価することによって、当該リスクへの対応を行う一連のプロセスをいう。
③　統制活動	統制活動とは、経営者の命令及び指示が適切に実行されていることを確保するために定める方針及び手続をいう。
④　情報と伝達	情報と伝達とは、必要な情報が組織や関係者相互間に、適切に伝えられることを確保することをいう。
⑤　モニタリング	モニタリングとは、内部統制の有効性を継続的に監視及び評価するプロセスをいう。
⑥　IT への対応	IT（情報技術）への対応とは、組織目標を達成するためにあらかじめ適切な方針及び手続を定め、それを踏まえて、業務の実施において組織の内外のITに対して適切に対応することをいう。

3）財務報告に係る内部統制で達成すべき要件

①　６つの構成要素が対象とするもの

　基準の「Ⅰ　内部統制の基本的枠組み」が示した内部統制の６つの基本的要素は、会社が整備すべき内部統制の基本的要素であり、業務の有効性及び効率性、財務報告の信頼性、事業活動に係る法令等の遵守、資産の保全の４つの目的を達成するために必要な構成要件であり、財務報告の信頼性に限定されたものではありません。

②　財務報告の信頼性確保に必要な要件

　財務報告に係る内部統制が有効であると主張するためには、整備した内

32 第2章 内部統制に関する法律等

部統制が適正な財務報告を妨げるリスク（虚偽記載リスク）の発生可能性と発生した場合の影響を合理的なレベルまで低減するものでなければなりません。

そして虚偽記載リスクとは、財務情報が生成、承認、記録、処理、報告されるポイントで、適正な財務報告に係る要件を満たされない可能性を指します。

したがって、財務報告に係る内部統制が有効であると判断するためには、財務情報が生成、承認、記録、処理、報告されるポイントで、適正な財務報告に係る要件が満たされない可能性が合理的なレベルまで低減されることを確認する必要があります。

適正な財務報告に係る要件については「**第4章　4-9　財務報告に係る内部統制整備の手順**」で取り上げます。

2-3 地方自治法（財務に関する事務等に係る内部統制）

1）要求内容

① 地方自治法第150条

地方自治法第150条第1項は、「都道府県知事及び指定都市の市長は、その担当する事務のうち**次に掲げるものの管理及び執行が法令に適合し、かつ、適正に行われることを確保するための方針（内部統制に関する方針**）を定め、及びこれに基づき**必要な体制を整備**しなければならない」とし、以下を掲げています。

- 財務に関する事務その他総務省令で定める事務
- 前号に掲げるもののほか、その管理及び執行が法令に適合し、かつ、適正に行われることを特に確保する必要がある事務として当該都道府県知事又は指定都市の市長が認めるもの

そして同条第2項は、指定都市の市長以外の市町村長は、同様の方針を定め、必要な体制を整備することを、努力義務としています。

都道府県知事、指定都市の市長、及び任意で方針を定めた市町村長（以下、「都道府県知事等」という）は、内部統制に関する方針を定めた（策定した）とき、及び改定を行ったときは、遅滞なく公表しなければなりません。

また、都道府県知事等は、毎会計年度少なくとも1回以上、**方針に基づいて整備した体制**について**評価した報告書を作成**し、**監査委員の審査**に付し、監査委員の意見を付けて**議会に提出**し、**公表**しなければなりません。

この制度を、本書では「地方自治体における内部統制制度」と呼びます。

34 第2章 内部統制に関する法律等

② 財務に関する事務等に係る内部統制

地方自治法第150条1項及び2項に基づいて、財務に関する事務その他総務省令で定める事務、及び都道府県知事等が認めた事務（以下、「財務に関する事務等」）について、管理及び執行が法令に適合し、かつ、適正に行われることを確保するために定めた方針に基づいて整備した体制を、本書では「**財務に関する事務等に係る内部統制**」と呼びます。

財務に関する事務等のうち"その他法務省令で定める事務"は、2024年4月1日時点においては、ありません。また、"都道府県等知事等が認めた事務"には、例えば、法令等遵守全般、情報管理に関する事務等、財務に関する事務以外の事務で都道府県等知事等が認めた事務が該当します。

③ 地方自治体における内部統制制度の範囲

したがって、地方自治体における内部統制制度とは"**財務に関する事務等に係る内部統制**について地方自治体の首長が評価し、その報告書を**監査委員の審査**に付し、監査委員の意見を付けて**議会に提出**し、**公表**する制度"であると言い表すことができます。

そして、法令等遵守全般、情報管理に関する事務等、財務に関する事務以外の事務でも、都道府県知事等が認めるものは、地方自治体における内部統制制度の対象になります。

2）内部統制の定義

総務省が平成31年3月に公表（令和6年3月改訂）した「地方公共団体における内部統制制度の導入・実施ガイドライン」（以下、「導入・実施ガイドライン」）は、内部統制と地方自治体における内部統制を、以下のように定義しています。

① 基本的な内部統制

「内部統制とは、基本的に、①業務の効率的かつ効果的な遂行、②報告の信頼性の確保、③業務に係る法令等の遵守、④資産の保全の4つの目的が達成されないリスクを一定の水準以下に抑えることを確保するために、業務に組み込まれ、組織内のすべてのものによって遂行されるプロセス」であり、以下の6つの基本的要素から構成されとしています。

（内部統制の基本的要素）

- 統制環境
- リスクの評価と対応
- 統制活動
- 情報と伝達
- モニタリング
- ICT（情報通信技術）への対応

この定義は、内部統制の構成要素の1つである「ITへの対応」が「ICTへの対応」になっている点を除けば、**図表2−2**で示した「内部統制の基本的要素」と同じ内容になっています。

② 地方自治体における内部統制

上記の基本的な定義を踏まえ、導入・実施ガイドラインは「地方自治体における内部統制とは、住民の福祉の増進を図ることを基本とする組織目的の達成を阻害する事務上の要因をリスクとして識別及び評価し、対策を講じることで、事務の適正な執行を確保することである」としています。

すなわち、地方自治体の目的は住民の福祉の増進を図ることであるから、この目的の達成を阻害する事務上の要因がリスクであり、その対策を講じて事務の適正な執行を確保することが、地方自治体の内部統制の目的であるということです。そして、この事務の適正な執行を確保する責任は、地方自治体の首長にあります。

その意味では、地方自治体の組織目的を阻害するすべてのリスクを識別し、それに対する内部統制を評価しなければならないのですが、それには一定の労力を要します。そこで、まずは最小限に評価するリスクとして財務に関する事務等のリスクを取り上げ、それに係る内部統制の評価を導入することにしたものです。

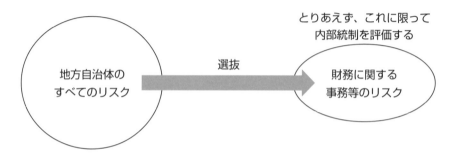

3）内部統制の評価方法

都道府県知事等は、1年に1回、方針に基づき整備した体制（すなわち、内部統制）を評価し、作成した報告書について監査委員の審査を受け、議会の承認を受け、公表しなければなりません。

整備した内部統制の"評価"について導入・実施ガイドラインは、全庁的な内部統制の評価と業務レベルの内部統制の評価を、以下のように行うとしています。

① 全庁的な内部統制

全庁的な内部統制の評価では、「全庁的な内部統制の**評価項目**のそれぞれに対応する全庁的な内部統制の整備状況を記録し、その上で不備がある場合には、整備上及び運用上の重大な不備がないかを評価する」としています。

そして、導入・実施ガイドラインの「（別紙1）地方公共団体の全庁的

な内部統制の評価の基本的考え方及び評価項目」は、内部統制の基本的要素、すなわち統制環境、リスクの評価と対応、統制活動、情報と伝達、モニタリング、ICTへの対応ごとに、合計**28の評価項目**を示しています。

② 業務レベルの内部統制の評価

業務レベルの内部統制の評価では、「リスク評価シートに記載されている業務レベルの内部統制の整備状況及び各部局による自己点検結果に対し、整備上及び運用上の不備がないかを評価する」としています。さらに「その上で、不備がある場合には、当該不備が重大な不備に当たるかどうか判断を行う」としています。

そして導入・実施ガイドラインの「（別紙3）財務に関する事務についてのリスク例」は、内部統制の4つの目的、すなわち業務の効率的かつ効果的な遂行、業務に関わる法令等の遵守、財務報告等の信頼性の確保、資産の保全に分けて、財務に関する事務についての**62のリスク**の例を示しています。これは「過去の不祥事例等を参考に、地方公共団体において発生すると考えられるリスクを一覧にしている」ものです。

このリスク一覧を参考に、各地方自治体の各部局が抱えるリスクを洗い出し、リスク評価シートに記録し、業務レベルの内部統制が整備上及び運用上の不備がないかを否かを評価することになります。

（お知らせ）

地方自治体の内部統制の詳細については、近刊予定の「地方自治体の内部統制整備（仮題）」で取り上げます。

2-4 法的要求がない会社の内部統制

　繰り返しになりますが、会社については会社法で、上場会社に対しては金融商品取引法で、そして地方自治体に対しては地方自治法で、内部統制の整備を求めています。
　では、法律による要求がない組織はどのような内部統制を整備すべきなのでしょうか？

1) リスクを低減する内部統制の整備

　取締役は、善良な管理者の注意義務が課せられています。それに基づけば、法律で内部統制の整備が義務付けられていない会社であっても、会社にとって好ましくない影響を与える行為や事象、すなわちリスクが発生する可能性と影響の大きさを合理的なレベルまで低減する内部統制を構築する必要があると考えられます。

　リスクを合理的なレベルまで低減する内部統制整備の概念は、会社法や地方自治法が整備を要求する内部統制よりも、遥かに大きい概念です。言い換えるならば、会社法や地方自治法が整備を求めている内容は"最低限のものに過ぎない"のです。

2) 会社における現状

　多くの日本の会社が重要なリスクと感じているのは、競争や市場の変

化、商品の陳腐化と新商品開発の速度、商品の品質保持、債権回収、顧客満足度の向上など、生産と販売に係るリスクと法令等遵守に係るリスクです。

他方、購買先の供給能力や従業員の資質などの生産手段や、従業員や消費者の人権保護、情報セキュリティ、環境保全などの経営サポート業務に係るリスクに対する関心は、あまり高くないようです。

内部統制の整備についても同じことが言えます。すなわち、重要と感じているリスクに対しては十分な内部統制を整備し、関心が低いリスクに対する内部統制の整備は十分に検討されていません。

これが、近年において情報セキュリティ、従業員や消費者の保護等に関わる事故が多方面で発覚し、組織における対策の未熟さが取り沙汰される背景になっています。

3) 会社が整備する内部統制

言うまでもありませんが、会社を取り巻くリスクは、会社が営む事業の種類や特性などによって異なります。

繰り返しになりますが、すべての会社は、自社がどのようなリスクにさらされているかを洗い出し、そのリスクを評価して重要なリスクを特定し、それを**合理的なレベルまで低減**する内部統制を整備しなければならないのです。

2-5 内部統制とリスク・マネジメントの異同

内部統制は、組織のリスクを合理的なレベルまで低減するように整備します。繰り返しになりますが、これは会社法が求める体制であれ、金融商品取引法の財務報告に係る内部統制であれ、地方自治法が求める内部統制であれ、すべて同じです。法的な要求がない会社でも、同様です。

他方、リスクを低減する活動としてリスク・マネジメントがあります。内部統制とリスク・マネジメントは、同じようにリスクを低減することを目的としています。経済産業省のリスク管理・内部統制に関する研究会が2003年に公表した報告書の副題は"リスクマネジメントと一体となって機能する内部統制の指針"となっています。

では、両者は同じものなのでしょうか？　それとも、何か違いがあるのでしょうか？　そこで、以下では、内部統制とリスク・マネジメントとの違いについて取り上げます。まず「リスク・マネジメントとは、何か？」から始めます。

1）リスク・マネジメントとは、何か？

リスク・マネジメントとは、経営目的の達成を阻害する可能性がある事象及び行為を認識・理解し、リスクに対する方針を決定し、挑戦するリスクの発生可能性あるいは発生した場合の影響を低減して、経営目的の達成につなげる一連の行為です。

リスク・マネジメントは、会社経営において昔から行われてきたものであり、特段目新しいものではありません。それでも、その手法は経済活動が複雑になるのに合わせて発展してきました。

リスク・マネジメントは、個人の能力に依存した場当たり的な対応を行う段階から、その手法のプロセス化、プロセスの制度化、リスクの定量化

という発展を経て、現在では全社的な視点からリスク・マネジメント・プロセスを恒常的に繰り返し運用する**統合的リスク・マネジメント**が提唱されています。

統合的リスク・マネジメントが叫ばれるようになって、いろいろな団体がリスク・マネジメントのフレームワークを提唱しています。

その中の１つである、アメリカの COSO が 2004 年に公表した「ERM －統合的枠組み」（最新版は 2017 年）は、ERM（Enterprise Risk Management）の目的と構成要素、ERM を機能させるための組織内の人々の役割などを取り上げています。

これによると構成要素は、内部環境、目的の設定、事象の識別、リスクの評価、リスクへの対応、統制活動、情報と伝達、モニタリングの８つからなります。

２）リスク概念の変遷

もともとリスクは「危機」とか「危険」とかマイナスの意味でとらえられ、それが現実に起これば組織や個人、あるいは物的な資産に損害をもたらすものと、とらえられてきました。そこで考えられていたのは自然災害や火災・爆発などの偶発的な事件や事故です。

しかし 1970-80 年代になって会社の活動が国際的になり、法律や商慣習などの経営環境が異なる地域、国で活動を行う機会が多くなったのに合わせて、会社が管理すべきリスクの概念も変化し、拡大していきました。

今日では、「何もしないで成り行きに任せれば、結果として失敗し損害を被ることもあれば、うまくいって儲けることができる。その確率は五分五分という不確実な行為や事象」をリスクと捉えるようになっています。

「**図表２－３：リスクの二面**」に示すように、現代のリスクは「潜在的な利益」と「損失のエクスポージャ」の２つの意味を持っています。

ちなみに COSO の「ERM －統合的枠組み」は、事象には事業機会とリスクの２つがあり、事業機会はこれを活用すべし、リスクは管理すべしと

しています。なお、「ERM-統合的枠組み」が取り上げている8つの構成要素のうち、リスクの評価、リスクへの対応、統制活動、情報と伝達、モニタリングの5つはリスクのみについて言及しています。

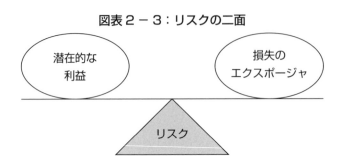

図表2-3：リスクの二面

3) 内部統制とリスク・マネジメントとの違い

① リスク・マネジメントの実践

　リスク・マネジメントでは、会社の経営目的の達成を阻害する可能性がある事象及び行為を認識し、その行為や事象の発生が会社にとって重要かどうか、何らかの方法でヘッジすることが可能かどうか、ヘッジしきれない部分は合理的なレベルまで低減することが可能かどうか、コストをかけて低減するメリットはあるかなどを検討し、リスクへの対応方針を決定し、挑戦することになったリスクに対しては、それを低減する内部統制を整備し、これが意図したように運用され機能しているか否かを監視し、機能していない場合はシステムを改善するプロセスを恒常的に繰り返します。

② 内部統制との重複と違い

　この中で、挑戦するリスクの発生可能性もしくは発生した場合の影響を低減するために内部統制を整備することはリスク・マネジメントの中核部分に該当します。しかし、内部統制とリスク・マネジメントは同一ではありません。

リスク・マネジメントは、経営目的の達成に関係してリスクを識別・評価し、重要なリスクに対する対応方針、すなわち、そのリスクを取るか否か、ヘッジするか、低減する手段はあるかなどを検討し、受け入れて、組織として挑戦するリスクの発生可能性もしくは発生した場合の影響の大きさを低減する仕組みを日常業務に組み入れ、必要に応じて改善していく広範囲な活動です。そして、この挑戦するリスクの発生可能性もしくは発生した場合の影響の大きさを低減する仕組みが内部統制です。

すなわち内部統制は、リスク・マネジメントと比較するとカバー範囲は狭く、限定的なのです。

（付属解説３－クライシス・マネジメント）

クライシスは２つの意味で用いられており、事態を指す場合と状況を指す場合があります。

リスクの中でもめったに起きないような異常性の強い災害や事故、発生の影響が会社の存亡にかかわるような巨大リスク、あるいは社会的、政治的、経済的な影響が広範囲に及ぶ事態、さらには国家的な対応が必要な事態をクライシスと呼びます。戦争やテロなどもクライシスです。

他方、クライシスは、災害や事故の発生直後の、情報が十分に確保できない段階での混沌としている状況を指す場合もあります。クライシスの状況は、災害や事故などの発生から時間が経過し、情報が収集できる状況になると、緊急度は低下していきます。

これらのクライシスを管理する手法をクライシス・マネジメント、あるいは危機管理と呼んでいます。クライシスに対しては、それが顕在化した際に関係する人々がすぐに適切な行動を起こせるように組織体制とプロセスを整備し、それらをマニュアルにまとめて誰でも見ることができるように整備し、定期的に実地訓練を実施して、万一に対して日ごろから備えることが大切になります。

第3章

リスクの種類と対応、
　業務手続との関係

　繰り返しになりますが、COSO レポートは内部統制の有効性を評価するための基準として使用できるものとして位置付けられていますが、財務報告に係る内部統制の有効性評価に重点が置かれ、業務の有効性と効率性、関連法規の遵守に関する言及は限定的です。

　したがって、業務の有効性と効率性及び関連法規の遵守に関わる内部統制を議論するには、リスクのより詳細な分析が必要です。特に、業務の有効性と効率性に属するリスクの深い掘下げが必要です。

　本章では、業務の有効性と効率性及び関連法規の遵守に係るリスクを詳細に分類し、組織の業務手続というのは様々なリスクに対する対応策を取りまとめたものであることを明らかにします。

3-1　リスクの発生

　会社を取り巻くリスクには、会社が自ら行動することに伴って発生するリスクと、外部から一方的に与えられるリスクがあります。

1）行動に伴って発生するリスク

　会社は、新事業分野へ参入する、新市場へ進出するなどの行動を起こすことによって、新しいリスクを引き起こします。

　自ら行動して新しいリスクを引き起こすよりは行動しない方が良いかというと、そうとは言い切れません。

　なぜなら、参入が自由な市場では、旨みのある市場には次々と新規参入者があり、市場を侵略していきます。そして、いずれは、まったく旨みのない市場になってしまいます。

　既存の市場にしがみついて、新事業や新市場への参入という取り組みを回避していると、いつしか取り扱う商品の寿命が尽きて市場から撤退しなければならなくなり、会社の存在意義を失ってしまうからです。

2）外部から与えられるリスク

　外部から一方的に与えられるリスクは、会社の業務とは関係ないところで発生するものですが、その影響が会社に及ぶものです。典型的なものには会社を取り巻く規制の変更、自然災害や国家の政治体制の変化、などがあります。

　これまでなんの咎めもなかった行為が、社会的な価値観や判断基準の変更により、ある日突然違法な行為として取り締りの対象になることもあります。競争相手が従来の商品を代替するような新商品を市場に出したために自社商品の取引が打撃を受けるのも、外部から与えられるリスクの1つです。

（付属解説 4 －外部から与えられるリスクへの対応）

　外部から一方的に与えられるリスクは会社の意図とは離れたところで発生するために、それを積極的に管理することは困難です。

1）推測可能なリスクへの対応

　しかし政治体制の変更、規制や法律の改正、競争相手の行動などは、社会と業界の動向を注意深く観察することによって、その変化をある程度予測し、対策を立てることは可能になります。

　このような推測可能な外部リスクに対しては、発生の前兆が見えた際に、あるいは発生したらただちに行動できるように、社会と業界の動向を常時監視する組織とそのためのプロセスを整備する必要があります。

　リスク発生の情報を関係者にすばやく伝達して、関係する人々がすぐに適切な行動を起こせる組織体制とプロセスの整備も不可欠です。

2）突発的なリスクへの対応

　テロや重要人物の誘拐、地震や洪水などの自然災害、火災などの異常災害は突発的に発生し、発生した場合の影響も甚大であることが多く、しかも、その変化を事前に予測し有効な対策を立てることはほとんど不可能です。

　このリスクに対しては、クライシス・マネジメントもしくは危機管理の手法が効果的です。この手法のもとでは、リスクが顕在化した際に関係する人々がすぐに適切な行動を起こせるように組織体制とプロセスを整備し、それらをマニュアルにまとめて誰でも見ることができるようにし、定期的に実地訓練を実施して、日ごろから万一に備えるのが、一般的です。

　特に、事件や災害の発生直後の混沌とした状況下では緊急の対応が求められるために、十分な備えと日頃からの訓練が重要になります。

　誘拐などのリスクに備えて、幹部社員の行動や業務スケジュールを社外に漏らさない、幹部社員の通勤ルートを毎日変更する、定期的な行動を無くすなどの対策も有効です。

3-2 行動に伴って発生するリスクの分類

　COSO レポートは内部統制の目的を、業務の有効性と効率性、財務報告の信頼性、関連法規の遵守の３つの達成に合理的な保証を与えるものとしています。これに基づいて、３つの目的の達成を阻害するリスクをより詳細に分類したのが、次頁の**図表３－１**です。

1）経営戦略に係るリスク

　経営戦略に係るリスクは、経営戦略の策定、組織構造の変更、経営資源の配分など、経営環境を大きく変化させなければならない場面に直面したときに、その変化を受け入れるか否かを決定する際に判断を誤ってしまう可能性です。

　その原因としては、経営判断に必要な情報が不足している、事実認識に誤りがある、意思決定のための議論が不足している、などがあります。

　経営戦略の意思決定を誤った例としては、以下のようなものがあります。

- 開発した新商品に欠陥が発見された
- 進出した新市場での販売が思わしくない
- 不振事業からの撤退が遅れ、損失が膨らむ
- 事業の選択と集中で選別した事業の成果が思ったように伸びない

2）業務の有効性に係るリスク

　業務の有効性に係るリスクは、過去の成功体験にとらわれ、最新の技術を取り入れていないために、決められたコストで成果を最大にすることに失敗する可能性です（**図表３－２**参照）。

　成果には、商品やサービスの開発の他に、広告宣伝、教育、周知などの効果も含まれます。

3-2 行動に伴って発生するリスクの分類

図表３−１：行動に伴って発生するリスクの分類

（リスクの種類）	（阻害内容）
① 経営戦略に係るリスク	経営戦略の策定、組織構造の変更、経営資源の配分の決定などで判断を誤ってしまう。
② 業務の有効性に係るリスク	決められたコストで成果を最大にできない。
③ 業務の効率性に係るリスク	目指す成果を出すために要するコストを最小限にできない。
④ 業務の正確性に係るリスク	職務執行上の誤りや漏れなどが発生し、職務怠慢などを引き起こす。
⑤ 不正行為に係るリスク	利益を得るために嘘を真実と思わせ、悪いことを良いことと思わせる行為をする。
⑥ 資産の保全に係るリスク	お金や物品などの物的資産を消失する。
⑦ 情報資産の保全に係るリスク	個人情報、営業情報などの情報資産を消失する。
⑧ 損失の危険に係るリスク	予期せぬ原因による資産の滅失、債務の負担などが生じる。
⑨ 正確な報告に係るリスク	法律や社内規則が求める報告の正確性を確保できない。
⑩ 信頼性ある財務報告に係るリスク	正しくない、虚偽の財務報告をしてしまう。
⑪ 法令等の遵守に係るリスク	法令違反の行為、組織の経営理念に反する行為、組織のルールを逸脱する行為をする。
⑫ 倫理観の保持に係るリスク	社会一般の倫理的な価値観を無視した行為、社会の常識や良識に反する行為をする。

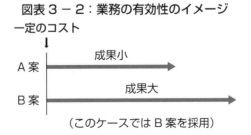

図表３−２：業務の有効性のイメージ

業務の有効性に係るリスクが実現した例としては、以下のようなものがあります。
- 商品のライフ・サイクルを見誤り、死蔵品を大量に抱える
- アフター・サポート体制が顧客のニーズに合っていないので、顧客が不満をもつ
- 労働環境が劣悪なために、熟練従業員の退職が後を絶たない
- 従業員の健康・安全管理が不十分なために、労働災害が多発する
- 従業員の資質や訓練体制に欠陥があるために、生産性が上がらない
- 業績評価システムと給与体系が結びついていないので、従業員が"やる気"を失っている
- 管理職が適時に判断を下し適切な指示を出さないために、従業員が無駄な仕事をしている
- リーダーシップが脆弱で、部下が新しいものにチャレンジする動機づけが働かない

3）業務の効率性に係るリスク

業務の効率性に係るリスクは、過去の経験に執着し、最新の技法を取り入れていないために、目指す成果を出すために要するコストを最小限にすることに失敗する可能性です（**図表3－3**参照）。

コストには、原材料の消費量のみならず、消費する時間、資源、エネルギーなどの消費も含まれます。

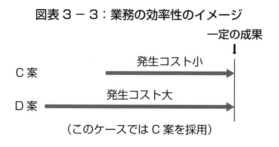

図表3－3：業務の効率性のイメージ

業務の効率性に係るリスクが実現した例としては、以下のようなものがあります。

- 工場の生産プロセスが旧来のままで、商品生産に多大なエネルギーを消費する
- サプライヤーからの原材料の供給が滞り、工場の生産がストップする
- 情報システムの性能が低いために、端末の応答に時間がかかる
- グループ会社内で、ある子会社では現金が余っているのに他の子会社では資金不足で借入を行い、グループ全体で見ると不必要な利息を支払っている
- 資金繰りを見誤り、高利率の借入を余儀なくされる

4) 業務の正確性に係るリスク

業務の正確性に係るリスクは、不正行為ではないが、上司による指示やモニタリングが不十分なために、あるいは業務手続が明確に示されていないために、組織にとっては好ましくない誤りや漏れなどが発生する可能性です。

業務の正確性に係るリスクが実現した例としては、以下のようなものがあります。

- 実施した仕事に誤りがあり、顧客からクレームを受ける
- 作業のやり直しが発生し、期日までに作業が終了しない

作業に誤りややり直しが起こると、期待した成果が上がらなかったり、コストが余計にかかったりします。その意味では、業務の正確性に係るリスクは業務の有効性や効率性にも関係します。

5) 不正行為に係るリスク

不正行為とは、自己の利益を得るために、嘘を真実と思わせ、悪いことを良いことと思わせる行為です。得ようとする自己の利益は、お金に限ら

ず、物品、情報、人物の印象などを含みます。

　不正行為は財産（お金や物品など）の横領、虚偽の報告（法令の要求に合致しない報告、虚偽の財務報告など）、法令違反の行為（法令を無視した手続きなど）の３つに分類されます。このうち、実際に起こる不正行為の80％前後は財産の横領であると言われています。

（不正行為の 80％は財産の横領）

　お金を取り扱う仕事、換金性の高い物品を取り扱う仕事、お金がからむ仕事において、財産の防護が不十分で、誰でもが財産にアクセスできる環境にあると、財産の横領が起こりやすいと言えます。

　財産の横領の手口には、以下のようなものがあります。
- 会社の現金を持ち出し、私的に使用する
- 債権を回収して手にした現金を着服し、私的に使用する
- 会社の商品を倉庫から持ち出し、換金して着服する
- 会社に属する資産を、許可を得ないで私的に使用する

6）資産の保全に係るリスク

　資産の保全に係るリスクは、会社が保有する物的な資産や負債を正確に把握して保全することができなくなる可能性です。資産の保全は、不正行為による財産の横領と密接に関連しますが、それに限定されるわけではありません。

　資産保全の例としては、現金・預金や換金性の高い物品の保護、売掛債権のスケジュール管理による貸倒れ防止、商品の年齢調べによる陳腐化や品質低下の防止、会社資産の無許可使用による価値減少や会社評判の下落

からの保護、二重支払いや過払いによる現金流出からの保護、等があります。

資産の保全に関わるリスクが実現した例としては、以下のようなものがあります。

- 財産を保管する施設の設備が不適切なために、保管している資産が滅失、減耗、劣化する
- 取引先の倒産によって債権の回収が困難になり、貸倒損失が発生する
- 換金性の高い物品を保管する施設の防護、もしくは人的管理が十分でないために、保管する物品が盗難に遭う
- 使用禁止エリアでの火気使用により火災が発生し、設備や商品を消失する
- 資産の物理的隔離が不完全なので、従業員や役員が勝手に業務目的外に資産を使用する
- 仕入先から送付された請求書の管理が不十分なために、二重に支払いをする

7）情報資産の保全に係るリスク

情報資産の保全に係るリスクは、会社が保有する個人情報や営業上の機密情報などの情報資産を漏洩や滅失、毀損から防止し、正常な状態で保全することができなくなる可能性です。

情報を守るべき資産として見る会社の意識が低く、防護が不十分で誰でもアクセスできる状態にあると、漏洩や滅失、毀損が発生しやすくなります。

情報資産の保全は、情報セキュリティとも呼ばれています。昔は、情報は紙に記録されており、それを外部へ持ち出すには膨大な負荷を伴うものでした。しかし現代では、情報のほとんどは電子的に記録されています。電子データをメモリースティックにコピーしたり、電子メールで送信した

りすることによって、簡単に持ち出すことができます。

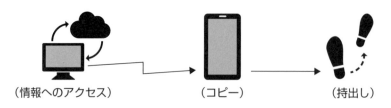

（情報資産は密かに持ち出される）

（情報へのアクセス）　　（コピー）　　（持出し）

　情報資産の持出しは社外の人間によるものと社内の人間によるものがあります。いずれもその目的は、持ち出した情報資産の換金、嫌がらせ、アクセス者の技術の誇示などです。
　情報資産の保全に関わるリスクが実現した例としては、以下のようなものがあります。

- アクセス制限が不適切なために、機密情報を改ざん、あるいは破壊される、もしくは盗み出される
- 保有する個人情報が流出し、それが公になり、流出した会社の評判が落ちる
- 流出した個人情報が不正に使用され、情報を使用された個人が損害を被る
- 持ち出された営業機密が他社の利益獲得のために利用され、会社の業績に悪影響を与える
- 盗み出された技術が軍事転用され、戦争で使用される

8）損失の危険に係るリスク

　損失の危険に係るリスクは、予期せぬ原因による資産の滅失や損害賠償責任の発生などの金銭的な損失の他に、気付かないうちに顧客の期待を裏切る、悪い噂話がSNSで取り上げられる等の、直接的には金銭に換算で

きない損失があります。

しかし、直接的には金銭で換算できない損失でも、長い目で見れば会社の評判に悪影響を与え、顧客離れが起き、売上が減少するなどの金銭的な損失につながるものが多々あります。

損失の危険は、予期し得ない原因で発生すると思われがちですが、必ずしもそうではありません。クレームであったり、噂であったり、何らかの兆候が必ずあります。それを見逃さないようにして、早めに対策を講じる必要があります。

損失の危険に係るリスクが実現した例としては、以下のようなものがあります。

- 火災や自然災害などで生産設備等を滅失する
- 株式などの金融商品や相場商品の急激な価格変動に対応できずに、損害が膨らむ
- 役員の法令違反行為により、会社が課徴金を課される
- 役員や職員の法令違反行為により、業務停止命令を受ける
- 製造物に瑕疵があり、損害賠償を請求される
- 顧客との間の意思疎通が不十分で顧客の期待を裏切り、消費者離れを起こす
- 顧客を公平に扱わないという噂が立ち、顧客が離れていく
- SNS で悪評が拡散し、商品が不買運動の対象になる

9）正確な報告に係るリスク

会社には、会社内外に対する様々な報告があります。

正確な報告のリスクは、会社が内外に発表する情報のすべてに関係しています。その中には、法律や規則によって求められている監督官庁への各種報告、マスメディアへのプレスリリースなども含まれています。

財務報告もその1つですが、財務情報には適正な財務報告のための要件を満たす必要があるので、信頼性ある財務報告に係るリスクとして別区分

56 第3章 リスクの種類と対応、業務手続との関係

とし、次項で取り上げます。

　監督官庁への各種報告やプレスリリースが適正に行われない原因、あるいは間違った報告が発生する原因は、一律ではありません。一般論としては、**適切な報告のために必要な情報が組織の内部及び外部から適時に報告のプロセスにインプットされず、あるいは、それを適時に記録、変換・編集するプロセスにおけるモニタリングが不十分**なために誤りが発生し、適切な情報が報告されなくなると考えられます。

　正確な報告に係るリスクが実現した例としては、以下のようなものがあります。

- 所定の締切日までに情報が収集できずに、監督官庁に対する報告書を期限までに提出できない、あるいは誤った報告をする
- 不十分な情報に基づいて、過大な生産計画を策定する
- 誤った税務申告をして更正処分を受け、延滞利息や加算金などを科される
- 期限までに監督機関への報告ができない
- 会社の資産もしくは債務を網羅的に記録するプロセスが脆弱で、その残高を正確に把握できなくなる

10) 信頼性ある財務報告に係るリスク

　信頼性ある財務報告に係るリスクは、**財務情報の生成、承認、記録、処理（計算・編集）、報告の箇所で、適正な財務報告のための要件が満たされない**ために、信頼性ある財務報告が行われない可能性です。

　信頼性ある財務報告に係るリスクが実現した例としては、以下のようなものがあります。

- 期日までに、決算報告ができなくなる
- 株主もしくは投資家へ不適切もしくは誤った決算報告をする
- 虚偽の財務報告の発覚に伴う株式価格の下落によって受けた損害の賠償を、株主から求められる

- 株価の下落により、株式の時価発行による資金調達が困難になる
- 虚偽の財務報告が明らかになり、新しい顧客の開拓に支障をきたす

11）法令等の遵守に係るリスク

　法令等の遵守に係るリスクは、会社の役員や従業員が法律や規則、会社の経営理念もしくはルールを遵守しない、あるいはこれらに違反した行動を取ってしまう可能性です。

　これには、上司のモニタリングが不十分なために部下が意図せず法令等に違反してしまうケースと、意図的に法令違反をしてしまうケースとがあります。

　"会社のため"という理由で上司に法令違反の行為を強要されることがあります。このような場合は、自分を守るために、上司とのやり取りを克明に記録しておくことを忘れてはなりません。パワハラやセクハラの行為を受けた場合も、当該行為の証拠として記録を残しておきましょう。

　法令等の遵守に係るリスクが実現した例としては、以下のようなものがあります。

- 役員や従業員が法律に違反した行為をしたために、会社が罰金を科せられる、業務の停止命令を受ける、あるいは会社の評判に傷がつく

58　第3章　リスクの種類と対応、業務手続との関係

- 役員や従業員がコネを築くために賄賂を支払い、会社が罰金を科されて社会的な信用を失う
- 時間外労働に対して正しい割増賃金を支払っていないために、従業員から訴訟を起こされる
- セクハラ行為によって意に反する退職を余儀なくされた元従業員から、損害賠償請求を起こされる

12) 倫理観の保持に係るリスク

　倫理観の保持に係るリスクは、社会一般に認められる倫理的な価値観や社会の常識・良識を尊重した会社の運営から逸脱してしまう可能性です。

　倫理的な価値観を尊重した会社の運営とは、従来からある効率性と有効性、その結果としての会社の競争力を重視した経営に加えて、社会性、人間性をバランスよく重視した経営を行うことです。社会性は経済、環境、文化的な面で社会と摩擦を起こさず、社会に感謝される経営を行うことであり、人間性は「人が生まれつき備えている性質」を重視し、従業員を初めとする他人の人権を尊重した経営を行うことです。

　社会性や人間性を尊重した倫理的経営を実践するには、従来からの利害関係者である株主、金融機関、サプライヤー、顧客、従業員に加えて、市民団体、地域社会、業界団体、行政機関を新たな利害関係者（ステーク・ホルダー）として認識する必要があります。

　倫理的な価値観を尊重した経営では、多くの関係者の関心を同時に満たすように行動する必要があります。そのためには、各ステーク・ホルダーが会社の行動の**どの側面**に最も強い関心を示しているかを識別し、その関心を満たす経営を実践し、その内容を関係者に伝達する必要があります。

　倫理観の保持に係るリスクが実現した例としては、以下のようなものがあります。

- 会社の活動が自然環境を破壊する、あるいは資源を無駄遣いしているという噂が立ち、会社の評判が下落する

- 会社の活動が市民の生活環境を破壊しているという噂が立ち、不買運動の標的になる
- 会社の活動が従業員の身体的及び精神的な健康や安全を脅かしているという噂が立つ
- 会社の活動が従業員に生きがいを与えていないという噂が立ち、採用活動に支障をきたす
- 従業員の行動が反道徳的であるという指摘を受ける

3-3 リスクへの対応（内部統制整備）の例

　本項では、**図表３−１**のリスクに対して整備する内部統制の例を取り上げます。

1）内部統制の特徴

　繰り返しになりますが、内部統制は、外部の関係者が設定した基準を満たすことが達成目標である財務報告や法令等の遵守、業務の効率化と有効性を確保するために定めた業務マニュアルの遵守等に関しては、統制活動を十分に実施することによって合理的な保証を提供することができます。

　しかしながら、収益や市場占有率の確保、新商品の開発などの一部の業務目的の達成に関しては、合理的な保証を提供することができません。なぜなら、内部統制は、経営者の判断や決定の失敗、あるいは業務目的の達成を阻害する外部で発生する事象、を予防することができないからです。

　これらの業務目的の達成のために内部統制ができるのは、これらの業務目的の達成にあたり会社がどのような状況にあるかを経営者や取締役会に適時に正確に報告することに留まります。

　なお、本項に示したリスクへの対応の例は、リスクに対する静的な統制活動を中心にしたものです。本来、内部統制を組織の日々の活動の中で機能させるには、統制活動を何処で、誰が、いつ、何を、どのようにするか、を明らかにしなければなりませんが、その記述は量が膨大になるので、割愛してあります。

　しかしそれでも、リスクごとの静的な統制活動を理解しておくことは有意義であり、内部統制を設計・導入する際に役に立つことは、間違いありません。

2）経営戦略に係るリスクへの対応

経営戦略上のリスクに対しては、関係するリスクを評価し、それが経営にどのような影響を与えるか、それを低減する能力が自社に備わっているかを検討し、そのリスクを回避するのか、リスクの一部を他社に移転するために保険などでカバーするのか、それとも受け入れて管理するために内部統制を整備するのか、を決定します。この回避、移転、受入れ・管理はリスクへの３大対応方針と呼ばれています。

経営戦略に係るリスクへの対応では、**リスクの評価とリスクへの対応方針の決定においてミスをしないこと**がより重要になります。

（リスクへの３大対応方針）

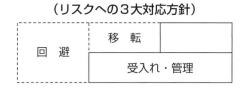

経営戦略上のリスクに対しては、「**付属解説５－二層の内部統制**」で取り上げる「代表取締役等の業務執行を監督するための内部統制（通称、コーポレート・ガバナンス）」を整備して、対処します。

（付属解説５－二層の内部統制）

１）コーポレート・ガバナンスとの関係

会社法が整備を求める体制（内部統制）には、取締役会や監査役等が代表取締役等の業務執行を監督・監査するための部分と、代表取締役等が業務を執行するための部分があります。

前者は、一般にコーポレート・ガバナンスの仕組みとして扱い、後者のみを内部統制として扱う議論が一般的です。

しかし本書では、下図に示したように、前者を取締役会や監査役が代表取締役等の業務執行を監督するための内部統制、後者を代表取締役等が意図したように業務を執行するための内部統制と呼び、内部統制には二層の内部統制があるという考えに立っています。

（二層の内部統制）

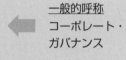

2）経営トップ層での相互監視

会社の経営戦略に係るリスクを合理的なレベルまで低減し、経営目的の達成をより確実にするには、会社の経営トップ層の中で業務責任の所在を明確にし、各々が求められる責任を果たしていることを相互に監視することが必要です。

それには、経営トップ層での業務執行と監督の機能を分離し、取締役会及び監査役等が代表取締役等の業務執行が経営目的の達成に貢献するものであるか否かを監督する仕組みが必要です。これが、**業務執行を監督するための内部統制**です。この仕組みは会社法で定められているので、どの会社でもほぼ同じような組織構造になります。

3）日常業務の監視

他方、代表取締役等は、立案した経営戦略を実行するために、取締役会が決定した内部統制の基本方針に基づいて、経営戦略に係るリスク以外の各リスクの発生可能性と発生した場合の影響を合理的なレベルまで低減するための内部統制を設計し、業務手続に導入し、目標達成に向けて業務が遂行されていることを監視します。これが、**業務を執行するための内部統制**です。

3) 業務の有効性と効率性のリスクへの対応

　業務の有効性と効率性のリスクに対応するには、会社が抱えるリスクの内容を明確にし、それを低減するための方針、プロセス、手続を確立する必要があります。

　業務の有効性と効率性はコインの裏表のような関係にあり、これに深く関係するものとして、人（従業員）、お金（資金）、情報があります。以下では、これらへの対応について取り上げます。

① 人

　従業員の潜在的能力と活力を引き出し、それを仕事に反映させるには、従業員が仕事をしやすい環境を作り、従業員のやる気を引き出すことが重要です。それに有効な方策としては、以下のようなものがある。

- 例外的な事態が生じたときに適切な判断と行動ができるように、従業員の仕事の範囲と組織全体の中で占めている位置と役割を明確にする
- 従業員が自分の裁量でできることと、上司の許可を得なければならないことを明確に示す
- 従業員が自分の裁量で判断する際の基準を明らかにし、従業員がそれを行使できるように教育と訓練を施す
- 従業員は自分を評価する基準に合わせて行動するので、従業員の業績評価基準を明確にし、それを前もって従業員へ示す
- 従業員に明確な達成目標を与える
- 従業員の性格や経験を反映して、適材適所の配置を行う
- 従業員の希望を優先して配属先を決める
- 業績評価の結果と昇給や昇進との関係を明確にする

64　第3章　リスクの種類と対応、業務手続との関係

②　お金

　債権者への支払いに回すお金が足りないとか、金融機関への返済資金が確保できない、支払う利息が多すぎる、などという事態に備えて、以下のような施策を講じます。

- グループ会社全体での資金繰り計画を策定し、お金が余っているグループ会社から資金需要が旺盛なグループ会社へ資金を回すルートを作る
- 急な資金重要に備えるために、金融機関との間でコミットメント・ライン契約(*)を結ぶ
- 為替変動に備えて、先物取引や予約取引などを導入する
- 相場商品の急激な価格変動に備えて、損切りルールを定める

（＊）コミットメント・ライン契約とは、銀行と顧客との間で設定した極度額の範囲内で一定期間内であれば何度でも資金の借入や返済を行うことができる契約のことです。

③　情 報

　情報は、必要とする人に、必要とするときに、必要とする内容が提供されなければなりません。情報を効率よく、効果的に、正確に伝える仕組みが情報システムです。情報システムは、人間の"神経"にたとえられます。情報システムは人間とIT機器の組合せでできていますが、近年ではIT機器の占める割合が多くなってきています。

　情報システムにIT機器が占める割合が多くなったのに合わせて、情報は電子的に記録されるものが多くなっています。その分、第三者による情報の持出しが容易になってきたことに伴い、情報を盗難等から守る情報セキュリティが大きな課題になっています。

　情報セキュリティを考える場合も、「情報システムは経営目的の達成をサポートするもの」という観点から、経営目的達成に重要な影響があるかどうかを基準にセキュリティのレベルを考える必要があります。極端な話

ですが、ホームページに不正にアクセスされ落書きされたのと、機密情報に不正にアクセスされて入札情報や顧客情報などが盗まれたのとでは、経営に与える影響が違うのは明らかです。

情報システムに係る内部統制は、情報システム自体のほかに、業務の有効性と効率性、従業員及び役員の不正などに係る内部統制と密接に関係しているので、それらと一体的に整備する必要があります。

詳細は、情報資産に係るリスクへの対応で取り上げます。

4) 業務の正確性に係るリスクへの対応

繰り返しになりますが、業務の正確性に係るリスクは業務の有効性や効率性にも関係します。

業務の正確性は、職務遂行上の誤りや漏れ等によって失われます。これに対応するには、上司による業務のモニタリング、作業結果の承認手続、業務の正確性確保に有効なワークフローなどを、業務の有効性や効率性を確保するための内部統制といっしょに整備します。

（ワークフローの構築は、業務の正確性保持に有効）

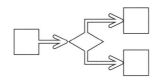

5) 不正行為に係るリスクへの対応

繰返しになりますが、実際に起こる不正行為の 80 %前後は財産の横領です。そこでここでは、財産の横領に特化して、その対策を取り上げます。

お金を取り扱う仕事、換金性の高い物品を取り扱う仕事、お金がからむ仕事では財産の横領が起こりやすいので、その業務の中に財産の横領を防ぐ対策を組み込む必要があります。その対策には、以下のようなものがあ

ります。

- 資産の保全の項で取り上げるように、盗難や横領のリスクが最も高い現金や有価証券類は金庫に保管するとともに、金庫にアクセスできる人間を制限する
- 顧客から債権を回収する際は、可能な限り記録が残る銀行振込とし、定期的に相手先との間で債権残高の確認を行う
- 債権の年齢調べを定期的に行い、期限を超過している債権を発見したら、その原因を調査する
- 換金性の高い商品は鍵のかかる倉庫に保管し、倉庫への入退出者を監視できるカメラを設置する
- 会社の資産を勝手に使用してはならないという規則を定め、従業員に周知する
- 現物の保管管理者と帳簿の記録管理者は、完全に分離する
- 現物の保管管理者と帳簿の記録管理者以外の人が、定期的に現物の残高と帳簿記録の残高との照合を行い、差異が発見されたら、その原因を調査する

6) 資産の保全に係るリスクへの対応

　物的資産の中には、天候や気象の影響で品質が劣化したり減耗したりするものがあります。これらの物的資産は、天候や気象の影響を受けないように、倉庫に保管し、あるいは覆いをかぶせるなどして物理的に保護する必要があります。

（自然災害から資産を守ることも大事）

売掛債権の回収を確実に行うために、相手先の与信審査、与信限度額の管理、売掛金年齢調べ表の作成による支払条件の遵守状況調査などを行い、債務者の財政状態を常時把握し、異常が見られる場合は債権の回収を急ぎ、担保の提供を求めるなどの対策をとります。

換金性の高い資産は盗難に合う確率が高いので、鍵のかかる倉庫に保管するとともに、権限外の従業員あるいは役員がそれらに接近するのを制限する規則を定め、設置した監視カメラで接近を監視します。

現金や有価証券類は盗難や横領のリスクが最も高いので、金庫に保管するとともに、金庫にアクセスできる人間を制限するシステムを導入します。

7）情報資産の保全に係るリスクへの対応

情報資産の保全（情報セキュリティ）の対象には、社員や顧客の個人情報、営業機密などがあります。情報資産の保全を考える場合は、組織の経営目的達成に重要な影響があるのかどうかを基準に、「どの情報を、どの程度、どのようにして、どのくらいの金をかけて守るのか」というセキュリティ・ポリシィを策定し、それに基づいて内部統制を整備します。

IT（情報技術）の発達は日進月歩です。常に新しい技術が発明されています。不正アクセスのテクニックもしかりです。これを踏まえて、情報資産の保全に万全を期す必要があります。

情報資産の保全には、以下のような対策を施します。

- 保存する情報をランク付けし、各従業員がアクセスできる情報に制限を掛ける
- 機密情報の管理規程（機密情報管理規程）を定める
- 情報のランクごとに、機密情報にアクセスするための手続を定める
- アクセス権限者にパスワードを割り振り、パスワードは定期的に変更する
- 誰が、いつ、どの情報にアクセスしたかの記録（ログ）が残るようにする

68   第3章　リスクの種類と対応、業務手続との関係

- 保有している情報のバックアップをとる
- ファイアウォールを導入する
- すべてのパソコンにウイルス対策ソフトをインストールする
- 機密情報管理規程を遵守していることの誓約書を、定期的に、役員及び従業員から入手する
- 知り得た営業秘密を漏洩しないこと、退職時には営業秘密を保管したすべての文書、電子データなどを会社へ返還することを、雇用契約書に明示する
- 機密情報管理規程を遵守しない、あるいは機密情報を社外に流出させた場合の罰則を定める
- 退職者へ割り当てていたアクセスのパスワードは、すぐに削除する

8) 損失の危険に係るリスクへの対応

　損失の危険は、取引先の事情、外部の環境変化などの中に潜んでいます。損失の危険を回避し、合理的なレベルまで低減するために、会社の活動に関係するすべての人に適用になる内部統制を整備するとともに、損失の危険が潜んでいる業務を識別し、関係する業務の中に損失の危険を回避する内部統制を整備します。

　損失の危険を回避するために利用できる方策には、以下のようなものがあります。

- 決済権限者が自分で支出を決定できる金額に上限を設ける
- 取締役会運営規程等を制定し、取締役会で決定すべきことを明確にする
- 法律や規則の改正、消費者の動向や嗜好の変化、経済状況、社会構造の変化などをモニタリングする部署を設け、損失の危険を予測する
- 当方にとって都合の悪い事情であっても開示し、顧客との間の意思疎通を密にする

- 損失の危険が実現した場合において関係者が取るべき行動を業務マニュアル等で明示し、定期的に訓練を行う
- 会社が負担できる損失の危険の総額、及び個別案件の損失の負担金額を明確にする
- 損失の危険が個別案件の損失の負担金額を超えると予測されるようになった場合には、事業等から撤退することを明確にし、その手続を定める

9）正確な報告に係るリスクへの対応

正確な報告を確保する方策には、以下のようなものがあります。
- 誰が、いつまでに、どのような情報を、どのプロセスに、どのようにインプットし、処理するか、すなわち事務処理のプロセスと手続を明らかにし、関係する従業員へ周知徹底する
- 情報処理のプロセスで求められる作業を怠ると全体にどのような影響がでるのかを明確にし、すべての従業員に各自の役割を理解させる
- 従業員が自分の役割を確実に実行できるように「なぜ、あなたにその行動が求められるのか」を周知する研修を行い、オンザ・ジョブで訓練を行う
- 従業員が決められた作業を確実に実行していることをモニタリングする仕組みを導入する

10）信頼性ある財務報告に係るリスクへの対応

信頼性ある財務報告を確保するには、財務報告に大きく係る購買業務、在庫管理業務、販売業務、経理業務等において、財務情報の生成、承認、記録、処理（計算・編集）、報告の箇所で、適正な財務報告のための要件を確保できるように、以下のような仕組みを導入します。
- 物品やお金の交換がある都度、連番を付した原始証憑を作成し、紛

失に対する気付きを容易にする
- 会計帳簿への記録は原始証憑に基づいて行う
- 記録が終了した原始証憑には「済」印を押し、再使用を防止する
- 「済」印が押された原始証憑の連番を確認し、記録漏れを防止する
- 上司による作業の「承認」行為を取り入れる
- 記録者と物品管理者を分離し、相互牽制を可能にする
- 記録の残高と現物の数量の照合を、定期的に行う

11) 法令等の遵守に係るリスクへの対応

　法令等の遵守は精神論でも法律論でもなく、会社の経営管理の問題です。経営者は、役員及び従業員が法律や規則、社内ルールに準拠し、社会道徳や経営理念にそった行動を取るための指針を与え、それを実現するための業務手続を整備しなければなりません。法令等の遵守の内部統制を整備するのは経営者の責任であることを忘れてはなりません。

（法令等違反を回避する体制整備は経営者の責任）

　しかし、考えられるすべての事態を想定した業務手続を定めて従業員に徹底したのでは、法令等の遵守を目的とした組織運営になってしまいかねません。
　そこで、経済的合理性を考えて、頻繁に起きる、あるいは起きたときの影響が大きい案件に関して具体的な業務手続を定め、それ以外の事態については「これこれの事態に直面したときは、どこそこの部署に連絡するように」と定めれば十分であると思われます。

法令等の遵守を徹底する方策には、以下のようなものがあります。

- 従業員が共有すべき価値観や組織の経営目的等を明確に定義し、すべての従業員へ周知徹底する
- 価値観や経営目的を具体化した倫理規程や行動規範を定める
- 倫理規程や行動規範は、各部署が日常業務で直面する事態を想定して、「こういう場合はこう行動する」という個別具体的なルールを定める
- 研修等を実施して、倫理規程や行動規範の内容をすべての従業員へ周知徹底する
- 従業員あるいは役員による不法行為、あるいはその恐れがある行為を発見した従業員や役員が、その事実を倫理委員会、不正防止委員会などに通報する社内通報制度や社内告発制度を導入する

12）倫理観の保持に係るリスクへの対応

　会社が倫理的な価値観を尊重した経営を行うには、会社の役員及び従業員が社会性や人間性をバランスよく重視した経営を意識し、行動する必要があります。それには、役員及び従業員が社会性や人間性を重視した価値観を持つと同時に、それを会社全体に浸透させ、会社全体の価値観にする必要があります。

　会社の役員及び従業員の間に社会性や人間性を重視する価値観を組織全体へ浸透させる方策には、以下のようなものがあります。

- 倫理的な行動のための基準を策定する
- 倫理的な行動基準を役員及び従業員へ周知徹底するために、研修等を実施する
- 倫理的な行動基準に従った行動が行われていることをモニタリングする
- 倫理的な行動基準への違反を発見した人が通報する制度を導入する
- 倫理的な行動基準を遵守していることの誓約書を、定期的に、役員

72　第３章　リスクの種類と対応、業務手続との関係

及び従業員から入手する

- 会社を取り巻くステーク・ホルダーが関心を持っている側面を理解するために、関係者の意見を聞く会を設けたり、アンケート調査を実施したりする
- ステーク・ホルダーが関心を持っている側面に関して会社が実践していることを定期的に公表する

（倫理的な行動基準の遵守のための方策）

| 倫理的な
行動基準 | 周知のための研修　→
準拠のモニタリング　→
違反行為の通報制度 | 役員及び
従業員 |

3-4 整備した内部統制と業務手続

1）業務手続の形成

① 業務手続とは何か？

　図表３－１では、組織が自ら行動することに伴って発生するリスクを12に分類しました。次に、これらのリスクに対応し、リスクの発生可能性と発生した場合の影響を合理的なレベルまで低減する内部統制について見てきました。

　繰り返しになりますが、内部統制は統制環境、リスク評価、統制活動、情報と伝達、モニタリングという５つの要素で成り立っています。言い換えれば、この５つの要素の塊が内部統制なのです。

　一方、会社の仕事は、会社の経営目的を達成するために行われます。仕事は、できるだけ経費を抑えて、成果を最大にするために、効率的に、かつ効果的に行わなければなりません。経営目的の達成に貢献しない仕事は"ムダ"であり、排除すべきものです。

　このように、内部統制の目的と会社の仕事が目指すものは同じものなのです。なぜなら、COSOレポートの定義によると、内部統制は「業務の有効性と効率性、財務報告の信頼性、関連法規の遵守の３つの目的の達成に関して合理的な保証を提供するために設計された、会社の**取締役会、経営者及びその他の構成員によって遂行されるプロセス**」であり、この３つの目的は会社の経営目的を達成するために必要なものだからです。

　統制環境、リスク評価、統制活動、情報と伝達、モニタリングという５つの要素の塊である内部統制は、組織の中に整備されます。そして、この内部統制は、一般的には会社の仕事もしくは業務手続と呼ばれているものとほぼ同じものです。

74   第3章　リスクの種類と対応、業務手続との関係

（内部統制の塊と業務手続）

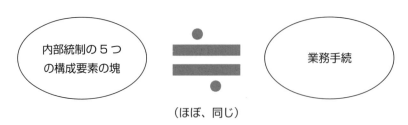

② なぜ、体系化するか？

　内部統制の5つの構成要素の塊からなる業務手続は、業務の効率性を向上させるためにいくつかの業務に分類され、作業の流れに応じて体系化されています。その分類され体系化されたものが購買業務、生産業務、販売業務、などと呼ばれるものです。

　図表：3－4は、その様子を図にしたものです。

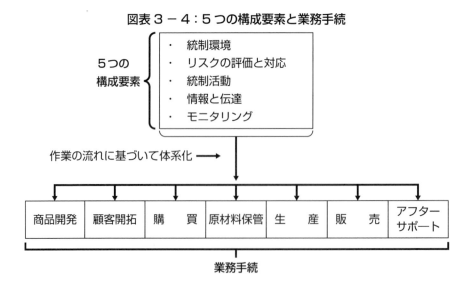

③ 業務手続の共有

　分類されて体系化された業務手続は、関係者へ開示され、共有されま

す。その理由は、経営目的と経営目標を達成する手段は多岐にわたるので、その手段の選択を従業員に任せっぱなしにすると、各自が自分の判断でバラバラに行動することになりかねないからです。その結果、経営目的と経営目標の達成に向けた行動に統一性が失われて、効率が悪くなってしまいます。

　そこで、経営目的と経営目標の達成へ向かう手段を作業手順書や業務マニュアルなどと呼ばれるもので統一して、経営活動に参加する人たちに共有させることによって、業務の効率性を確保しているのです。

2) リスクへの対応と業務

　組織が自ら行動することに伴って発生するリスクとそれに対応する内部統制、及び内部統制が組み込まれた各業務の関係を一覧にすると、**図表3－5**のようになります。この図表の業務は、製造業を営む会社の基幹と

図表3－5：リスクと業務手続のマトリクス

（リスクの種類） （経営戦略に係るリスクを除く）	（内部統制が組み込まれた業務）						
	商品開発	顧客開拓	購買	在庫管理	生産	販売	サポート
業務の有効性に係るリスク	×	×				×	
業務の効率性に係るリスク	×	×	×	×	×		
業務の正確性に係るリスク							×
不正行為に係るリスク			×	×		×	×
資産の保全に係るリスク			×	×		×	
情報資産の保全に係るリスク		×	×			×	×
損失の危険に係るリスク				×			
法令等の遵守に係るリスク			×		×	×	
正確な報告に係るリスク	×	×		×	×	×	×
信頼性ある財務報告に係るリスク			×	×	×	×	
倫理観の保持に係るリスク			×		×		×

（図表3－5のマトリクスは、筆者が仮定する関連性に基づいて作成したものです。）

76　第3章　リスクの種類と対応、業務手続との関係

なる業務を“商品開発”から“サポート”までの7つに大区分したものです。

3) 各リスクと業務の関係

① リスクと業務の関わり

　図表3-5に示したように、リスクは複数の業務に関係し、各業務は複数のリスクに対する内部統制を含んでいます。

　各リスクは、複数の業務に関わっている可能性がありますが、すべての業務に関わっているわけではありません。また、各業務は複数のリスクを内包している可能性がありますが、すべてのリスクを内包しているわけではありません。

② 各業務が抱えるリスク

　図表3-1は、組織が自ら行動することに伴って発生するリスクを12に分類しています。このリスクのうち、ある業務には複数のリスクが潜在するが、別の業務には異なる1つのリスクだけが潜在するかも知れません。これを示したのが**図表3-6**です。

図表3-6：潜在するリスクの数と種類

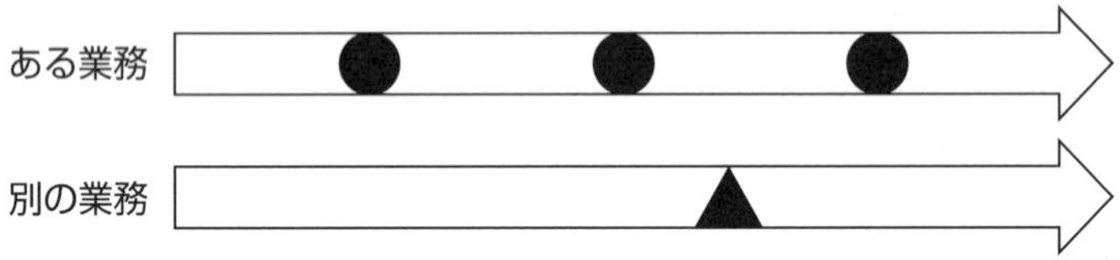

また、ある業務と別の業務に潜在するリスクは同じ種類であるが、発生した場合の影響の大きさが異なるかも知れません。つまり、ある業務においては、そのリスクは好ましくない小さな影響しか与えないが、別の業務においては大きな影響を与えるかも知れません。また、リスクの発生箇所も様々です。これを示したのが**図表3-7**です。

図表３－７：潜在するリスクの大きさと発生箇所

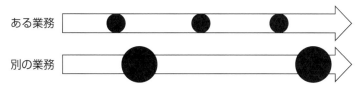

　このような点に留意して、各業務に潜在するリスクの数、種類、大きさを識別する必要があります。

4）様々な内部統制

　組織を取り巻くリスクは数多くあります。その内容は組織が営む事業の種類、組織の規模、組織が置かれた政治・経済・社会・技術環境によって異なります。
　リスクが異なれば、それを合理的なレベルまで低減する内部統制も異なってきます。内部統制が異なれば、それを組み込んだ、日常の業務として実施する業務手続も異なってきます。
　したがって、同じ業種の事業を営む場合でも、業務手続、すなわち仕事のやり方及び手順は、会社によって異なるのが普通です。

5）業務手続とリスクの対比

　以下では、販売業務の中から①受注・出荷指示、②梱包・出荷、③売上の記録・請求の３つを取り上げて、そこで行われる業務手続（内部統制の塊）がどのようなリスクの低減を目指したものであるのかを、対比表を作成して分析していきます。

78 第3章 リスクの種類と対応、業務手続との関係

① **受注・出荷指示**

　この業務では、顧客から注文を受け、それを承認して、商品の出荷指示を出します。そこで一般的に実施される業務手続と低減を目指すリスクを対応させると、以下のようになります。

（受注・出荷指示の業務とリスク）

（一般的な業務手続＝内部統制の塊）	（低減を目指すリスク）
・顧客から注文の連絡があったら、注文内容が販売契約や与信限度に合致していることを顧客情報システムで確認する	・販売代金を回収するのに失敗するリスク（資産の保全に係るリスク）
・商品在庫情報システムで在庫を確認して、商品の納品予定日を顧客へ伝える	・顧客が希望する日時に納品ができないリスク（損失の危険に係るリスク）
・電話、ハガキ、ファックス、電子メールなどで受付けた注文は、あらかじめ連番を付した注文書に記入し、復唱する	・注文を受けた商品とは異なる商品の出荷指示を出すリスク（業務の正確性に係るリスク）
・顧客との会話が終了したら、注文書に基づいて出荷指示書を作成し、出荷担当者へ送付する	・受け付けた注文に対して出荷指示を出すのを忘れるリスク（業務の正確性に係るリスク）
・出荷指示書を作成したあとに連番のある注文書に「済」印を押す	・二重に出荷指示を出してしまうリスク（業務の効率性に係るリスク）
・1日の終りには、「済」印がある注文書の連番を確認し、欠番がないことを確認する	・受け付けた注文に対して出荷指示を出すのを忘れるリスク（業務の正確性に係るリスク）

3-4 整備した内部統制と業務手続　79

② 梱包・出荷

　この業務では、出荷指示書に基づいて、該当する商品を保管場所から取り出して輸送に耐えるように梱包し、輸送手段（トラックなど）に引き渡します。

　そこで一般的に実施される業務手続と低減を目指すリスクを対応させると、以下のようになります。

（梱包・出荷の業務とリスク）

（一般的な業務手続＝内部統制の塊）	（低減を目指すリスク）
・出荷指図書を入手したら、その内容に基づいて商品品目、規格、形状、色などを確認しながら、商品棚から商品をピックアップする ・ピックアップした商品は、商品の特質に合わせた方法で梱包する ・梱包した商品は、納品書を添付してトラックの運転手に引き渡す	・注文品と異なる商品を出荷し、返品を受け、再度出荷しなければならないリスク（業務の効率性、及び業務の正確性に係るリスク） ・輸送中に物理的な損傷が起きるリスク（資産の保全に係るリスク） ・注文された商品と異なる商品を運転手へ渡し、後日、返品が生じるリスク（業務の効率性、及び業務の正確性に係るリスク）
・事前に連番が付された引渡しを証明する書面（出荷報告書等）にトラックの運転手から押印、もしくはサインを受け取る ・1日の終りに、出荷報告書の連番を確認する	・引き渡した商品の所在を見失うリスク（資産の保全に係るリスク） ・出荷報告書を紛失し、売上・売掛金の記録を漏らすリスク（信頼性ある財務報告、及び資産の保全に係るリスク）

80   第３章　リスクの種類と対応、業務手続との関係

③　売上記録・請求

　この業務では、顧客に商品を出荷したことを確認し、売上高を記録し、タイムリーに請求書を発行します。そこで一般的に実施される業務手続と低減を目指すリスクを対応させると、以下のようになります。

（売上・請求の業務とリスク）

（一般的な業務手続＝内部統制の塊）	（低減を目指すリスク）
・出荷報告書に記載された出荷情報を情報システムへインプットし、売上や売掛金を記録する	・出荷していないのに売上高を記録し、顧客へ代金を請求するリスク（信頼性ある財務報告、及び業務の有効性に係るリスク）
・月末までに出荷したものに対して、翌月２日以内に請求書を発行する	・請求を忘れ、代金回収が遅れるリスク（資産の保全に係るリスク）
・請求書の発行は、出荷担当者や顧客の営業担当者とは別の者が行う	・請求を忘れ、代金回収が遅れるリスク（資産の保全に係るリスク）
・請求書は、会社の取引銀行名と口座番号が明記された所定の様式のものを使用する	・会社の管理外の口座に販売代金が振り込まれ、横領されるリスク（不正行為に係るリスク、資産の保全に係るリスク）
・請求書には、請求書発行時点で未回収になっている取引全部の商品の出荷日と金額の明細、及び未回収金額の総額を記載する	・未回収金額について、顧客との間で異なる認識が生じるリスク（資産の保全、及び業務の効率性に係るリスク）

3-5 各法律が求める内部統制とリスクとの関係

1）会社法の内部統制とリスクとの関係

① 6つの内部統制と業務リスクとの関連付け

　繰り返しになりますが、会社法は、会社が整備すべき"体制（内部統制)"として、6つを定めています。

　この体制を整備するには、関係するリスクを識別し、そのリスクの発生可能性と発生した場合の影響を合理的なレベルまで低減する仕組みを設計し、日常の業務手続に組み込まなければなりません。

　本書では、すでに会社の行動に伴って発生するリスクを、**図表3－1**

図表3－8：会社法の内部統制とリスクの関連付け

（会社法の内部統制）　　　　　　　　　（図表3－1のリスク）

会社法の内部統制	図表3－1のリスク
取締役の職務執行が法令・定款に適合するための体制	経営戦略上のリスク
取締役の職務の執行に係る情報の保存及び管理の体制	業務の有効性に係るリスク
損失の危険の管理に関する体制	業務の効率性に係るリスク
取締役の職務の執行が効率的に行われるための体制	業務の正確性に係るリスク
使用人の職務執行が法令・定款に適合するための体制	不正行為に係るリスク
企業集団の業務の適正を確保するための体制 (*1)	資産の保全に係るリスク
	情報資産保全に係るリスク
	損失の危険に係るリスク
	正確な報告に係るリスク
	財務報告に係るリスク
	法令等の遵守に係るリスク
	倫理観の保持に係るリスク

（＊1）図表3－1のリスクは連結ベースで検討しているので、この体制に該当するリスクは、図表3－1にはない。

82   第3章　リスクの種類と対応、業務手続との関係

で12のリスクに分類しています。

　これに基づき、会社法の6つの体制と**図表3－1**のリスクとを関連付けると、**図表3－8**のようになります。

②　関連付けの根拠

　図表3－8の関連付けの根拠は、以下のとおりです。

（取締役の職務の執行が法令及び定款に適合することを確保するための体制）	• 不正行為は法令に違反する行為である • 適正な財務報告は法律上の義務である • 法令等の遵守は、当然に法令に適合するために必要である
（取締役の職務の執行に係る情報の保存及び管理に関する体制）	• 情報資産の保全は、情報の保存及び管理の一部である
（損失の危険の管理に関する規程その他の体制）	• 物的資産及び情報資産の保全の失敗は、損失の危険につながる • 損失の危険は、規定その他の体制でもって回避するか、もしくは内部統制を整備して合理的なレベルまで低減しなければならない • 法令等の遵守に違反すると、会社は損失の危険を負う
（取締役の職務の執行が効率的に行われることを確保するための体制）	• 取締役は善良な管理者として効率的に職務を執行する義務があり、上記3つの体制に関係しないすべてのリスクについても、責任を負う
（使用人の職務の執行が法令及び定款に適合することを確保するための体制）	• 不正行為は法令に違反する行為である • 適正な財務報告は法律上の義務である • 法令等の遵守は、当然に法令に適合するために必要である

③ 整備する内部統制の内容

図表３－８に示したように、会社法が求める内部統制は、多岐にわたるリスクに対応しなければなりません。会社を取り巻くリスクの内容は、会社が営む業種や会社の規模などによって異なります。同じリスクでもそれを合理的なレベルまで低減する方法は、会社によって異なります。各会社は、自社を取り巻くリスクの内容に応じて、それを合理的なレベルまで低減する内部統制を整備しなければなりません。

本書では、**図表３－１**で会社が自ら行動することに伴って発生するリスクを 12 のリスクに分類しましたが、内部統制を整備するには、12 のリスクに属するリスクをさらに細分化し、会社を取り巻く具体的なリスクに置き換えて理解する必要があります。

例えば、法令等の遵守に係るリスクには、個人情報保護法や公益通報者保護法、労働基準法や不正競争防止法など、個別の法律に違反するリスクがあります。倫理観の保持に係るリスクには、セクハラやパワハラに係る行為があります。業務の効率化に係るリスクには、省エネや、省資源化に係るリスクもあります。

本書では、**第６章～第８章**において、会社が通常整備する内部統制で達成すべき業務執行の要点を取り上げています。この業務執行の要点は、業務手続の実施にあたって達成すべき目標であり、この目標の達成を阻害する事象や行為がリスクになります。

2）会社法の内部統制と財務報告に係る内部統制との関係

① 金融商品取引法の内部統制

繰り返しになりますが、金融商品取引法は、上場会社等に対して、事業年度ごとに、当該会社の属する企業集団及び当該会社に係る**財務計算に関する書類その他の情報の適正性を確保するために必要な体制**について評価した報告書（内部統制報告書）を作成し、公認会計士または監査法人の監査を受けて、有価証券報告書とあわせて内閣総理大臣に提出することを求

84 第3章 リスクの種類と対応、業務手続との関係

めています。

この**財務計算に関する書類その他の情報の適正性**を確保するための体制は、一般的には「財務報告に係る内部統制」と呼ばれています。

② 会社法の内部統制との関係

財務報告に係る内部統制を整備する責任は、会社法でいう『取締役の職務の執行が法令・定款に適合することを確保するための体制』の整備に含まれていると考えられことは、すでに取り上げたところです。

第4章
内部統制整備の手順

　繰り返しになりますが、業務の中に潜在するリスクがある場合は、その発生可能性と発生した場合の影響を合理的なレベルまで低減する仕組みを設計し、業務手続の中に組み込み、日常の業務として運用します。これが内部統制の整備です。

　新設会社では、経営目的を阻害するリスクを識別し、それを合理的なレベルまで低減する内部統制を組み込んだ業務手続を整備します。

　既存の会社では、すでに存在する業務手続の中に組み込まれた内部統制がリスクを合理的なレベルまで低減しているか否かを定期的に評価し、不十分な場合は是正します。

　本章では、内部統制の整備と定期的な有効性評価の手順について、見ていきます。

4-1 内部統制の整備とは何をすることか？

1）新設会社における整備

① どのように仕事を進めるか？

新設の会社では、会社の仕事のやり方について、全く、定めがありません。前例もありません。この場合は、会社の設立に携わった人たちが過去に他の会社で経験した仕事をもとに、仕事の進め方を構築していきます。

新設会社の設立者が学生である場合は、過去の仕事の経験もありません。この場合は、組織運営に慣れている人を採用し、あるいはコンサルタントと契約し、その人の経験を活用して仕事の進め方を構築していきます。

② リスクの認識と統制

仕事を進めていくと、"この仕事は意図した成果が間違いなく得られる"、あるいは、"この仕事の成果は全く望めない"ということが明らかになります。前者は、会社の仕事として継続しますが、後者は打切りをします。

また、"この仕事は成功することもあれば失敗することもある、しかし成功した場合の成果は大きい"、いう事態にも遭遇することもあります。この場合は、成功する可能性を高める方法を考えます。この方法を仕事の中に組み込み、継続的に実践すれば、成功の確率を高めることができます。

この成功することもあれば、失敗することもあるのがリスクであり、成功する確率を高めるために設計し、導入した仕組みが内部統制です。

リスクを識別し、統制活動を設計し、必要な情報と伝達のシステム、及びモニタリングの仕組を仕事（業務）の中に組み込む活動が、新設会社

における内部統制の整備です。

③ 業務手続の確立

新設会社の事業が軌道に乗れば、活動範囲は次第に拡大していきます。その拡大した活動の中に、成功した場合に大きな見返りが見込める新しいリスクを見い出し、そのリスクに対する統制活動、情報と伝達、そしてモニタリングの仕組みを設計し、業務の中に組み込んでいきます。

このようにして、拡大する活動に合わせて、内部統制を整備する作業を繰り返していきます。この結果が内部統制の塊になり、やがて会社の業務手続になります。

この成長の過程を示したのが**図表４－１**の①〜⑤です。

図表４－１：新設会社のリスク、内部統制、業務手続の関係

2）既存会社における有効性評価

既存会社であれば、すでに仕事の手順、すなわち業務手続は確立されています。その業務の中には統制活動をはじめとする内部統制が組み込まれています。したがって、親設会社のように、ゼロから内部統制を整備する必要はありません。

① 業務内容の変化

内部統制が組み込まれた業務手続が確立されている会社であっても、政治・経済の状況、社会情勢や技術革新などの経営環境の変化に合わせる形で、業務の内容は変化していきます。

88   第4章　内部統制整備の手順

　業務の内容に変化が生じれば、会社にとって好ましくない行為や事象にも変化が生じます。すなわち、新しいリスクが発生している可能性があります。

　果たして既存の統制活動は、その新しいリスクの発生可能性と発生した場合の影響を合理的なレベルまで低減しているのでしょうか？

②　新しい事業分野

　経営環境の変化に合わせて、会社は新しい事業分野へ進出することがあります。新しい事業分野の業務は、既存の業務手続に必要な修正を加えて実施するのが一般的です。

　しかし、この修正を加えた業務は、新しい事業分野のリスクに対応しているのでしょうか？新しい事業分野のリスクの発生可能性と発生した場合の影響を合理的なレベルまで低減しているのでしょうか？

図表4－2：既存会社のリスクの変化

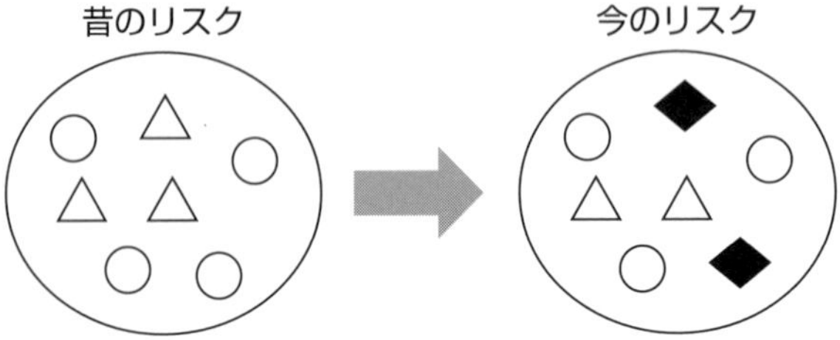

昔のリスク　　　　　　　今のリスク

③　定期的な有効性評価

　①と②の疑問に答えるには、新しいリスクと、それに対応する既存の内部統制を識別し、それらが新しいリスクの発生可能性と発生した場合の影響を合理的なレベルまで低減しているか否かを確認する必要があります。これが内部統制の有効性評価です。

　内部統制の有効性評価は、新しい事業分野への進出があった場合は、それに合わせて実施する必要があります。

4-1 内部統制の整備とは何をすることか？ *89*

　新しい事業分野への進出がない場合でも、既存業務の内容が変化し、新しいリスクが出現している可能性があるので、2〜3年毎に、定期的に有効性を評価する必要があります。

（付属解説6の1－統制活動と内部統制）

　本書では、統制活動と内部統制を区分して、交互に使用しています。統制活動は、経営者の命令が確実に実行されるようにするために定めたもので、方針、プロセス、手続からなるもので、内部統制の構成要素の1つです。統制活動を設計・導入することは、内部統制整備の一部です。

　しかし、繰返しになりますが、内部統制の整備は、統制活動の設計・導入にとどまりません。会社の達成目標を阻害する要因であるリスクを識別し、統制活動に必要な情報を識別し、それを必要とする人に伝達する仕組み、内部統制の構成要素が適切に機能していることを確認するモニタリングの活動を整備することも含んでいます。内部統制には、内部統制に対する会社で働く人の意識を高める統制環境の整備も重要です。

（付属解説6の2－統制環境の重要性）

　統制環境は、内部統制に対する会社全体の取り組み姿勢のことです。特に、経営者や取締役会メンバーなどの経営トップ層における姿勢が重要です。

1）意　義

　内部統制は会社の活動に携わる人々の行動を統制するためのものですが、会社の活動にかかわるすべての行動を統制する網羅的な内部統制を整備することは、経済的合理性の点から不可能と言っても過言ではありません。

　内部統制が十分に整備されておらず、業務手続が明確にされていないに

90 第4章 内部統制整備の手順

もかかわらず、何らかの行動を余儀なくされることは頻繁に起こることです。そのときに、役員や従業員の行動の基準になるものが「統制環境」です。

2) 構成する要素

　統制環境を構成する要素としては会社の経営理念、経営方針、経営スタイル、経営者の誠実性や倫理観、権限規程、人事考課制度、従業員の教育研修システム、経営者の言動などがあります。

　統制環境が整っている会社では、取締役会は経営理念について明確な考えを持っており、それを従業員に知らせるために種々の方策を講じています。また特定されたリスクに対処する明確な方針を持っており、内部統制整備の方針を定めています。

　経営者も、誠実性や倫理観などの会社文化を育てるのに必要なことを自身の言葉や行動で実行し、役員や従業員の模範となるような行動をとっています。会社の経営目的が達成されるように役員や従業員を行動させる組織構造と会社の運営方針も統制環境の1つです。

　行動規範や人事方針・人事制度、業績評価制度、表彰・懲罰制度などが内部統制をサポートする体制になっていれば、役員や従業員は内部統制に無関心ではいられなくなります。

3) 統制環境の評価

　このように統制環境は内部統制の屋台骨とも言えるもので、この上に個々の業務手続に潜在するリスクを合理的なレベルまで低減する統制活動が整備されています。

　したがって、個々の業務手続に組み込まれた内部統制がリスクを合理的なレベルまで低減しているかどうかを評価する前に、必ず統制環境を評価する必要があります。

　統制環境の評価にあたっては、「統制環境の評価チェックリスト」などが各方面から公表されているので、それをもとに自社に合うように改良して使用することができます。

4-2 内部統制の有効性評価の手順

　すでに取り上げたように、内部統制の整備は新設会社でも、既存会社でも、必要です。

　一般的に"内部統制の整備"と言う場合は、新設会社において内部統制を組み込んだ業務手続を確立していくプロセスのみならず、既存会社における業務手続に組み込まれた内部統制の有効性を評価し、十分でない内部統制を改善していくプロセスも含んでいます。しかも、既存会社の業務手続は多岐にわたるために、そこに組み込まれた内部統制の有効性を評価し、不十分な内部統制を改善していく活動は、より複雑になります。

　そして、既存会社の内部統制の整備方法を理解すれば、新設会社の内部統制の整備方法も理解できるようになります。

　そこで本書の以下の記述では、**既存会社における内部統制の有効性評価を中心**に取り上げます。

　すでに多くの業務が運用されている既存会社で内部統制の有効性評価を実施するには、運用されている業務に優先順位を付けて、順番に実施していきます。

　この手順を示すと以下のようになります。

第4章　内部統制整備の手順

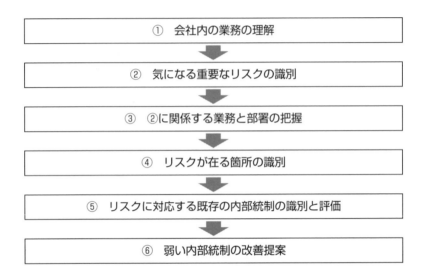

以下では、この手順にそって、その内容について取り上げます。

4-3　会社内の業務の理解

　繰り返しになりますが、内部統制は、会社にとって好ましくない影響を与える行為や事象、すなわちリスクの発生可能性、もしくは発生した場合の影響を合理的なレベルまで低減するための仕組みで、業務手続の中に組み込まれているものです。

　したがって、内部統制を整備するには、会社内にどのような業務があるのかを理解しなければなりません。

1）業務の種類

　すでに取り上げましたが、業務の効率性を向上させるために、会社の業務はいくつかの業務に分類され、作業の流れに応じて体系化されています。

　例えば、物品やサービスの購買業務、生産及び販売業務、広告宣伝業務、会社に属する従業員の教育訓練業務、給与計算業務、リクルート活動、情報システムの構築業務、出納業務、決算報告業務など、多岐にわたり体系化されています。

2）部署と業務

　各業務の執行を担当する組織単位が部署です。そして、1つの部署が、複数の業務を担当している場合があります。その場合は、部署を業務単位までブレークダウンします。

　なぜなら、会社の経営目的の達成を阻害する要因であるリスクは業務の中に潜在するからです。同じ部署が担当する業務でも、業務によってリスクが異なり、リスクが異なれば発生を予防し早期発見する内部統制も異なるからです。

4-4 重要なリスクの識別

　繰り返しになりますが、内部統制の整備では、どのリスクが、どの業務に潜在しているのかを明らかにし、そのリスクの発生を予防し、もしくは早期発見するための統制活動を設計し、業務の中に組み込みます。

　そこで、内部統制の有効性を評価するには、会社にとって特に留意しなければならない重要なリスク、すなわち、発生する可能性が高く、発生した場合の影響が大きいリスクを識別し、それに対する内部統制の有効性を優先的に評価します。

1) リスクの洗出し

　特に留意しなければならない重要なリスクを識別するために、最初にリスクの洗出しを行います。

① 洗出しの対象

　リスクには、**図表３－１**に分類したものがありますが、これは大きな分類です。

　すでに取り上げたように、例えば、法令等の遵守に係るリスクには、個人情報保護制度や公益通報者保護制度などに違反するリスクがあります。個人情報保護制度においても、情報の流出や不当な目的での利用、目的外の使用など、複数の違反が考えられます。

　倫理観の保持に係るリスクには、セクハラやパワハラに係る行為があります。業務の効率化に係るリスクには、省エネや、省資源化に係るリスクがあります。

　それらは、同じ業務の中に存在することもあれば、別々の業務に存在することもあります。どのリスクがどの業務に潜在しているかを考える際は、リスクを個別具体的なものに細分化し、それがどの業務に関わってい

るのかを明らかにしなければならないのです。

　会社にとって好ましくない影響を与える行為や事象は、すべてリスクなのですから、リスクの洗出しでは、細分化したレベルで、考えられるすべてのリスクを対象とします。影響の大小は問いません。

② 洗出しの方法

　リスクの洗出しは、関係者が集まり、ブレーンストーミングの形で実施する方式が多用されています。

　リスクを識別するには、会社を取り巻くリスクの内容を理解する必要がありますが、同じ会社の人間でもリスクの名称とその内容については異なる理解をしていることが多々あります。これを放っておくと、同じ名称のリスクについて議論をしていても、議論がかみ合わなくなることがあります。

　これを避けるために、会社の中で使用するリスクの名称と内容について、あらかじめ定めておくか、ブレーンストーミングの中で明確にしていく必要があります。

2）リスク評価

　リスクを洗出したら、それらが会社に与える好ましくない影響の大きさを測定します。そして、影響が大きいリスクをランク付けします。これがリスク評価です。

① 評価の方法

　リスク評価の方法には、定量的な方法と定性的な方法があります。多くは定量的な方法を用いますが、事象が定量化に適さない場合や定量化に必要な十分なデータがない場合は定性的な方法を用います。

　リスク評価では、リスクの測定値は必ずしも数値で示す必要はなく、測定のメモリは「大きい、中間、小さい」で十分です。

96　第4章　内部統制整備の手順

　会社に与える好ましくない影響は、単に金額で表示できる財務的なものだけではなく、会社の信用・評判にかかわるもの、他の業務に対する影響、情報システムに対する影響などの点からも検討するのが一般的です。

②　リスク評価表

　図表4－3は、財務に与える影響、会社の評判に与える影響、他の業務に与える影響の3つの視点からリスク評価を行う際の指標の例を示したものです。この例では、3つの視点から大、中、小を付けています。

　大、中、小にそれぞれ3、2、1の数字を当てはめると、各リスクは9－3のレベルで数値化されることになります。

図表4－3：リスク評価表

	リスクは大きい	リスクは中くらい	リスクは小さい
財務に与える影響	年間10億円以上の損失の可能性が高い	年間1億円～10億円の損失の可能性が高い	年間1千万～1億円の損失の可能性が高い
会社の評判に与える影響	重要な法令等違反が起こる確率は高く、評判を落とすダメージが大きい	重要な法令等違反が起こる確率は低く、評判を落とすダメージは中位	法令等の違反が起こる確率は低く、評判を落とすダメージの可能性は小さい
他の業務に与える影響	重要な情報が伝達されない可能性、及び重大な業務の中断の可能性が高い	重要な情報が伝達されない可能性、及び重大な業務の中断の可能性は中位	重要な情報が伝達されない可能性、及び重大な業務の中断の可能性は低い

　例えば、頻繁にニュースになる事件や事故が自社に起これば、会社の評判に大きな影響を与えます。それが商品の販売数量低下を招き、財務に悪影響を与えることにもなります。

　社会の関心が高い法律に反する行為も、会社の評判や財務に悪影響を与

えます。

③ リスク・アセスメント・マップ

リスク評価にリスク・アセスメント・マップを使用する方法もあります。リスク・アセスメント・マップは、リスクを縦軸の経営への影響と横軸の発生可能性から分類するものです。**図表4－4**は、その例です。

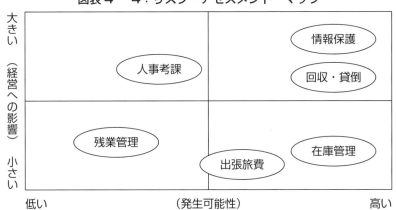

図表4－4：リスク・アセスメント・マップ

右上のゾーンがリスクの発生可能性と経営への影響が高く、最も注意しなければならない"重要な"リスクを示しています。

3) 優先順位の設定

通常、会社は、いくつかの重要なリスクに関わっています。その場合は、重要なリスクにさらに優先順位を付けて、順を追って当該リスクに対する内部統制の有効性を確認していきます。

内部統制の有効性を確認するリスクの優先順位は自由に設定していいのですが、その際には、発生する可能性が高い、もしくは発生した場合の影響が大きいリスクを優先するのが、原則です。

98　第4章　内部統制整備の手順

　リスクに優先順位を付けたならば、内部統制の有効性評価の実施スケジュールを作ります。1年間で内部統制の有効性を評価できる数には限りがあるので、初年度に評価する重要なリスク、2年目、3年目に評価する重要なリスク、という具合に各年に重要なリスクを割振り、複数年のローテーションで有効性を評価するようにします。

4-5 重要なリスクに関係する業務と部署の把握

　内部統制の有効性を評価する重要なリスクを把握したら、そのリスクに関係する業務とその業務を担う部署を明らかにします。なぜなら、有効な内部統制を整備するには、自社にとっての重要なリスクに関係する業務を割り出し、その業務の中にリスクの発生を予防し、あるいは早期に発見する手続を組み込む必要があるからです。

1）業務プロセス分析

　リスクに関係する業務を把握するには、業務プロセス分析の手法が有効です。これは、主要な業務をより小区分の業務にブレークダウンするもので、これによりリスクに関係する業務が発見し易くなります。

①　生産会社の基幹業務と支援業務

　図表4-5は、生産会社の組織を例に、意思決定業務プロセスと基幹業務プロセス、支援業務プロセスに分けて、会社の主要業務を大区分した

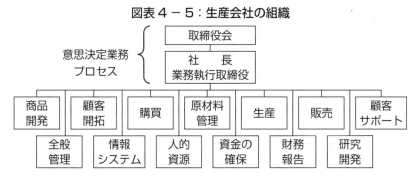

図表4-5：生産会社の組織

ものです。

大区分した業務は、さらに中区分→小区分の業務に分類することができます。

② 7つの基幹業務のブレークダウン

図表4－6は、図表4－5で示した生産会社の基幹業務プロセスに属する7つの大区分の業務を、さらに中区分の業務にブレークダウンしたものです。

図表4－6：生産会社の基幹業務の中区分

大区分の業務	商品開発	顧客の開拓	購買	在庫管理	生産	販売	アフターサポート
中区分の業務	・商品コンセプトの決定 ・商品仕様の決定 ・商品設計 ・生産工程の設計	・需要予測 ・販売計画 ・マーケティング ・販売活動	・購買計画 ・発注 ・検収・受入れ ・支払い	・在庫計画 ・現物管理	・生産計画 ・生産統制 ・原価管理 ・品質管理 ・商品保管	・受注 ・出荷指示 ・梱包 ・出荷 ・輸送 ・売上記録 ・請求 ・売掛金保全、回収	・顧客サービス ・クレーム処理

本書では中区分に止めていますが、リスクに関係する業務の発見のために必要であれば、中区分の業務をより詳細な小区分の業務にブレークダウンします。

2）業務とリスクの関連付け

ブレークダウンした中区分の業務に基づいて、次は、リスクと中区分業務の関連付けを行います。

① マトリクスによる関連付け

図表4－7は、図表4－6で示した販売の中区分の業務と、リスク

との関連をマトリクスにした例です。

このマトリクスは、どのリスクがどの中区分の業務に潜在するのかを示しています。

図表４－７：リスクと中区分の販売業務のマトリクス

(販売業務の中区分) (リスクの種類)	受注・出荷指示	梱包	出荷	輸送	売上・請求	保全・回収
業務の有効性に係るリスク	×	×			×	
業務の効率性に係るリスク		×		×		
業務の正確性に係るリスク	×					
不正行為に係るリスク	×					×
資産の保全に係るリスク						×
情報資産の保全に係るリスク						
損失の危険に係るリスク						
法令等の遵守に係るリスク				×		
正確な報告に係るリスク				×		
信頼性ある財務報告に係るリスク			×			×
倫理観の保持に係るリスク		×		×		

(図表４－７のマトリクスは、筆者が仮定する関連性に基づいて作成したものです。例えば、出荷の業務は"信頼性ある財務報告"に関係していますが、これはまだ出荷していないのにもかかわらず、売上を記録する間違いを想定しています。)

②　同じ業務が複数の場所で行われている場合

同じ業務、例えば、販売の業務が複数の場所で営まれている場合は、それぞれを別の業務として取り扱います。

同じ業務手続でも、担当者が異なれば内部統制の運用に差異が生じるからです。

4-6　リスクが在る箇所の識別

　重要なリスクに係る業務が明らかになったら、業務のどの箇所にリスクが潜在しているのかを明らかにします。これが、リスクが在る箇所の識別です。

　リスクは、会社の中で行われる各業務の中で業務の開始、承認、記録、編集、報告のポイントで発生しやすいと言われているので、そのポイントを識別します。

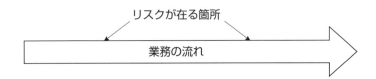

　リスクの在る箇所が分かれば、そのリスクの発生可能性と発生した場合の影響を低減させるために、どのような統制活動を設計し、業務手続のどこに組み込めば効率的、かつ効果的なのかが、より明確になります。

4-7 リスクに対応する 既存の内部統制の識別と評価

　"重要な"リスクが潜在する箇所を識別したら、そのリスクを合理的な
レベルまで低減する既存の統制活動の有無と種類を把握して、その有効性
を評価します。

1）内部統制のレベル

　既存会社では、既知のリスクに対する内部統制は一通り整備されていま
す。注意を払わなければならないのは、既存の内部統制が重要なリスクに
対応していて、発生を予防し、あるいは発生を早期に発見するのに十分で
あるか否かの確認です。

　内部統制のメインは統制活動ですが、統制活動は『在る』だけでは不十
分です。その統制活動がリスクに対して"妥当な"レベルであり、リスク
を合理的なレベルまで低減していなければなりません。重要性の高いリス
ク、すなわち発生する可能性が高く、発生した場合の影響が大きいリスク
に対しては、強力な統制活動が必要なのは言うまでもありません。

　これらの統制活動が意図したように機能するには、統制活動の実施に必
要な情報を必要な人のもとに届ける仕組みが必要であり、統制活動が機能
していることを確認するモニタリングの活動も必要です。

2）識別・評価の対象

　既存の内部統制が重要なリスクの発生を予防し、あるいは発生を早期に
発見するのに適しており、意図したように機能しているか否かを評価する
際は、様々なレベルの内部統制を考慮しなければなりません。

104　第4章　内部統制整備の手順

①　階層的評価

　その対象になるのは、全社的な観点で整備する統制環境、業務レベルで整備し、各業務に組み込まれている予防的統制と発見的統制、モニタリング活動、情報と伝達の仕組み、などです。

　これらの統制は、会社において階層的に設計され、導入されています。この様子を示したのが**図表4-8**です。

図表4-8：内部統制の階層

全社レベル　取締役会
　　　　　　　部
業務レベル　課・係
　　　　　　　従業員・職員

②　予防的統制と発見的統制

　統制活動のうち、リスクの発生を防止するために事前予防的に実施するのが予防的統制、すでに発生しているかも知れないリスクの有無を業務処理後に事後発見的に実施するのが発見的統制です。

　図表4-9は、予防的統制と発見的統制に属する手続の例です。

図表4-9：予防的・発見的統制の手続

（予防的統制）	（発見的統制）
• 各人の権限に制限を設定する • 業務の実行に承認システムを導入する • 兼務できない職務を分離する • 物理的な保全の手続を構築する • 重要な業務処理の結果を文章にする • ダブルチェックの制度を導入する	• 帳簿と現物など、独立した情報の一致を確認する • 予算と実績を比較し、異常を把握する • あらかじめ設定した業績評価指標との比較を行い、異常の有無を把握する

4-7 リスクに対応する既存の内部統制の識別と評価 *105*

③ 全社レベルと業務レベルの内部統制の関係

　内部統制は、全社的なレベルで整備する内部統制と業務レベルで整備する内部統制があります。内部統制の各構成要素は、全社レベルの内部統制と業務レベルの内部統制の両方に含まれているわけですが、統制環境やリスク評価では全社レベルの内部統制の比率が高く、統制活動や情報と伝達、モニタリングでは業務レベルの比率が高いと言われています。

　全社レベルの内部統制と業務レベルの内部統制は、各々独立しているわけではなく、お互いが補完する関係にあります。内部統制を整備する際は、まず全社的な内部統制を整備し、それだけではリスクの発生可能性と発生した場合の影響を十分には低減できない場合に、業務レベルの内部統制を整備することになります。

　極端な話になりますが、発生する可能性の低いリスクに対しては、全社的なレベルの内部統制で十分に低減できる可能性があります。

　なお、全社レベルの内部統制は、以下のような点に留意して評価します。

（全社レベルの内部統制評価の留意点）

（統制環境）
1. 経営者は、誠実性と倫理観に対する姿勢を表明しているか？
2. 経営者は、内部統制の目的を達成するに当たり、組織構造、報告経路及び適切な権限と責任を確立しているか？
3. 経営者は、内部統制の目的を達成するにあたり、適切な人事管理及び教育研修を行っているか？

（リスク評価と対応）
4. 会社は、経営目的に係るリスクの評価と対応ができるように、十分な明確さを備えた目標を明示し、リスク評価と対応のプロセスを明確にしているか？
5. 会社は、経営目的に係るリスクについて、それらを識別し、分類し、分析し、評価し、その評価結果に基づいて、必要に応じた対応をとっているか？
6. 会社は、経営目的に係るリスクの評価と対応のプロセスにおいて、会社に生じ得る不正の可能性について検討しているか？

（統制活動）
7. 会社は、リスクの評価と対応において決定された対応策に基づいて、業務手続

106　第4章　内部統制整備の手順

に導入する統制活動を設計する際の方針及び手続を明確にしているか？

8．会社は、業務手続に設計・導入する統制活動に、権限と責任の明確化、職務の分離、業務遂行前の承認等を含めているか？

（情報と伝達）

9．会社は、内部統制の運用に必要な情報を識別しているか？

10．会社は、会社内外の情報について、その入手、必要とする部署への伝達及び適切な管理のための方針と手続を定めて、実施しているか？

（モニタリング）

11．会社は、内部統制の構成要素が存在し、機能していることを確かめるために、日常的モニタリング及び独立的評価を行っているか？

（ICT への対応）

12．会社は、経営目的に係る ICT 環境への対応を検討するとともに、ICT を利用している場合には、ICT の利用の適切性を検討するとともに、ICT の統制に関する方針と手続を定めているか

（「地方公共団体における内部統制制度の導入・実施ガイドライン（別紙1）」を参考に、著者が作成）

3）統制活動と情報

　会社の活動は、経営目標を達成するために会社全体の人間がお互いに連携して行うものであり、1つの業務を処理するのに多くの部署の人間が携わっています。

　統制活動を設計・導入する際は、統制活動の実施に必要な情報を入手する仕組みを整備することを忘れてはなりません。

　統制活動の結果を受けて、次の行動を起こす人のために、統制活動の結果情報を伝達する仕組みの整備も必要です。

4）統制活動とモニタリング

　予防的統制と発見的統制の大部分を運用するのは一般従業員ですが、それらの者を管理する立場にある者も、運用のモニタリングという形で内部統制に参加し、あるいは直接、統制活動を実行します。

統制活動を実施した結果を記録しておけば、これを統制活動が有効に運用されていることをモニタリングする際の指標として利用することが可能になり、モニタリング活動を効果的・効率的に実施することができます。

（付属解説７－モニタリング）

1）機能

　モニタリングは、整備した内部統制が日常業務として定着するのを促し、意図したとおりに継続的に内部統制が運用されていることを確認することを目的に行います。

　モニタリングは、経営者及び従業員が、経営目標及び業績目標を達成するために、同じ方向を向いて行動していることを確認するために重要です。

　モニタリングは、会社の中・下位層のみならず、取締役会あるいは経営トップ層でも必要です。

2）日常的モニタリングと独立評価

　モニタリングには日常的モニタリングと独立評価があります。日常的モニタリングは、業務の管理責任者が業務の一環として統制活動の実施状況を監視するものです。この例としては、あるべき承認印があることを確認する、業績報告書をレビューして定期的に業務の状況を確認する、等があります。

　独立評価は日常の業務とは離れて行うもので、内部監査部による予防的・発見的統制や日常的モニタリングの実施状況の調査、品質管理部門による現場の品質管理業務の調査、環境監査部による環境対策の実施状況調査などがあります。

　独立評価では、内部統制の定期的な有効性評価も行います。

4-8　弱い内部統制の改善提案

1）有効性の判断基準

　既存の内部統制は、重要なリスクの発生を予防し、早期に発見するには"十分に有効ではない"と判明することがあります。

　十分に有効ではないというのは、既存の内部統制はリスクの発生可能性と発生した場合の影響を合理的なレベルまで低減していないということです。

2）残存リスクの評価

　既存の内部統制がリスクを合理的なレベルまで低減しているか否かを判断するために、リスクの大きさと内部統制の有効性の高さを比較して、内部統制が運用された後に残っているリスクの大きさを評価します。これが残存リスクの評価です。

　残存リスクが合理的なレベルを下回っていれば内部統制は十分に有効である、上回っていれば内部統制は十分に有効ではない、と判断します。

①　リスク・コントロール・マップ

　図表4－10は、リスクの重要性とそれに対する内部統制の有効性、その結果としての残存リスクの大きさを一覧できるようにしたリスク・コントロール・マップです。

　この図は、リスクの重要性を縦軸に、そのリスクに対する内部統制の有効性を横軸にとり、各リスクに対する統制の有効性の状況をマッピングしたものです。

　左下から右上にひかれた帯の中に入っているリスクは、リスクの重要性と統制のバランスが取れているリスクです。右下に配置されたリスクはリ

スクの重要性のわりには過大な統制が導入されているリスクです。左上のリスクは、リスクが重要であるにもかかわらず内部統制が不十分で残存リスクが大きいものです。

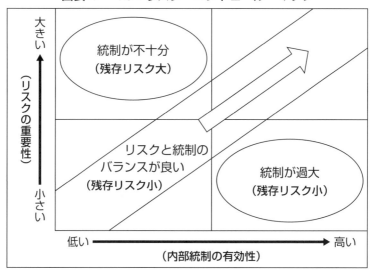

図表4－10：リスク・コントロール・マップ

② 残存リスクが大きいリスク

　残存リスクが大きいリスクは、リスクに対する内部統制のレベルが不十分なリスクです。このリスクに対しては、最適な統制活動を設計し、導入しなければなりません。

　導入後においても、それが意図したように運用されていることを確認しなければなりません。

③ バランスが取れているリスク

　リスクの重要性と統制のバランスが取れているリスクは、残存リスクが小さいリスクです。

110 第4章 内部統制整備の手順

④ **過大な統制のリスク**

リスクの重要性が低いのに過大な統制が導入されている場合も、残存リスクは小さくなります。しかし、このような過大な統制活動の運用には必要以上のコストと時間が掛かっているのが一般的です。

この場合は、経済性と効果を考慮して、統制のレベルを低減した統制活動を提案します。

3) 改善提案

有効性評価の結果、既存の内部統制が重要なリスクを合理的なレベルまで低減していない事実を発見した場合は、合理的なレベルまで低減する内部統制を設計し、業務手続の中に導入しなければなりません。

図表4－11は、内部統制の有効性評価に基づく改善提案書の例です。

改善提案書は、単に最終結論だけでなく、調査の目的、調査対象、実施した手続、日程、担当者、所要時間なども記録し、次回の有効性評価の計画立案に役立つように作成します。

図表4－11：改善提案書の例

2024年10月15日
A工場長殿
1．バック・グラウンド
　A工場には現在220名の正社員がいる。その中には経理担当者2名、生産・出荷管理者1名、品質管理者1名、生産技術管理者1名、製造現場監督者6名、工場長1名が含まれている。
　工場は週7日、1日2交代制で稼動しており、2つのラインを使ってスチール缶の製造を行っている。顧客に対する売上は2024年度累計でおおよそ70億円である。

2．調査目的・範囲
　我々の調査目的は、業務の効率性・有効性、財務報告の信頼性、資産の保全、

労務関連の法令遵守の状況を評価することであり、これを達成するために関係する業務方針及び業務手続を調査した。

調査対象範囲は以下の業務プロセスである。

入・出金、原材料及び生産設備を含む購買、給与計算、時間外労働の管理、販売、コンピュータアプリケーション＆セキュリティ、月次決算のプロセス

3. 結果

以下に示した指摘事項、業務への影響、改善提案、経営者の返答欄は、リスクに対する現在の内部統制を改善、また現業務の効率性を上げることを意図している。

指摘事項、及び改善提案の内容に関しては必要に応じてしかるべき責任者と協議した。

指摘事項	業務への影響	改善提案	責任者の返答
一般購買			
現在の包括契約では、誰に発注の権限があるのかを明記したものが無い。工場では事務用備品、ガスシリンダー、頻繁に発生するメンテナンスに対して包括契約が使われている。	経営者の知らないところで包括契約を使って権限のない従業員が発注をする可能性がある。	包括契約の内容をレビューし、購買担当者の権限を明記することを提案する。	包括契約を使用する権限を有する者は購買担当者のみとする。
在庫			
倉庫にある高価なパーツに対する適切な警備がなされていない。すべての工場にいる従業員に、現在倉庫への出入りが許されている。	高価なパーツの横領や私的使用が発生する可能性がある。	高価なパーツがある倉庫への出入りを限られた従業員に制限することを提案する。	高価なパーツのある倉庫へ出入りできる従業員をシフトごとに指定する。

生産設備の購買			
10の固定資産（固定資産台帳から5つ；現場から5つ）を選び、記録の網羅性、実在性を検証した結果、台帳から選んだ1つのプリンターにタグがついていない事が判明した。	タグによる固定資産の管理を怠ると横領や記録の誤りが発生する可能性がある。	タグによる固定資産の管理を徹底することを勧告する。	ITグループはコンピュータ関連の固定資産を管理し、工場の従業員はタグの付いていない固定資産をITグループに報告する。
出金			
独立した第三者による小切手の現物とその証憑との照合が行われていない。	小切手が不正に発行され、発行した小切手が会計帳簿に記録されない可能性がある。	工場長が小切手の現物と証憑を照合して小切手に署名する手続を提案する。	工場長が小切手の現物と証憑を照合して小切手に署名する。

4-9 財務報告に係る内部統制評価の手順

すでに取り上げたように、金融商品取引法は、上場会社等に対して、事業年度ごとに、当該会社の属する企業集団及び当該会社に係る**財務計算に関する書類その他の情報の適正性を確保するために必要な体制**について評価した報告書（内部統制報告書）を作成し、公認会計士または監査法人の監査を受けて、有価証券報告書とあわせて内閣総理大臣に提出することを求めています。

1）評価対象

金融商品取引法が求めているのは、あくまでも**財務計算に関する書類その他の情報の適正性**を確保するために必要な体制であり、「財務報告に係る内部統制」と呼ばれています。

① 手順

財務報告に係る内部統制の有効性評価では、会社の業務の中で**信頼性ある財務報告に係るリスクに深く関わる業務**を選択し、その中のどこで、どのような誤りが起こる可能性があるのか、すなわち財務報告を誤る箇所と誤りのタイプを識別し、それを予防し発見する内部統制を識別し、その有効性を評価することになります。そして、その結果を内部統制報告書で報告します。

これを図で示すと**図表4－12**のようになります。

② 会社レベルと業務レベルの内部統制

すでに述べたように、内部統制には会社全体レベルで機能するものと業務レベルで機能するものがあります。したがって、そのいずれか、もしく

114 第4章 内部統制整備の手順

図表4-12：財務報告に係る内部統制評価の手順

信頼性ある財務報告に係るリスクに深く関わる業務を選別

財務報告を誤る箇所と誤りのタイプを識別

誤りを予防し発見する内部統制を識別

内部統制の有効性を評価

内部統制報告書を作成

は両方で財務報告上の誤りを予防・発見することができるか否かを評価します。

　財務報告の誤りを予防・発見する内部統制を会社全体レベルで整備するか、業務レベルで整備するかは、会社の選好によりますが、会社全体レベルで機能する内部統制は効率性が高く、業務レベルで機能するものは有効性が高いと考えられます。

（付属解説8－財務報告上のリスク）

　本書では、報告を誤るリスクを"正確な報告に係るリスク"として分類しています。

　財務報告は、会社が内外に対して行う様々な報告の1つですが、財務報告を誤るリスクを"信頼性ある財務報告に係るリスク"と呼んで、正確な報告に係るリスクとは区分しています。

　金融商品取引法に基づく「財務報告に係る内部統制」の評価においては、財務報告を誤る原因を"財務報告上のリスク"と呼んでいます。そのリスクとは図表4-14に示した「適切な財務情報を作成するための要件」を満たさない可能性のことです。

2）リスクに深く係る業務

① 財務情報を生成する業務

　財務報告上のリスクと内部統制を識別するために、まず、財務報告に関わる情報が会社で行われるどの業務から発生するのかを理解します。

　図表4－13は、会社の主要な業務とその業務で生成される財務情報を関連付けたものです。

図表4－13：会社の主要な業務と生成される財務情報

商品開発	顧客の開拓	購買	在庫管理	生産	販売	アフターサポート
研究開発費	販売費	材料費	商品	製造原価	売上高 売掛金 売上原価	販売費

② 財務情報の流れ

　図表4－13の業務で生成された財務情報は、最終的に財務諸表に集約され、報告されます。

　図表4－6の基幹業務の大区分の1つである販売業務の中で、売上高に関係する中区分の業務は「出荷」の業務です。この出荷の業務で生成された売上高の情報が財務諸表へ反映されるまでのプロセスを示したのが下の図です。

116   第4章　内部統制整備の手順

　昔は、この作業を人間の手で実施していましたが、現在ではすべて IT を活用した機械（コンピュータ）で行われています。

3) リスクの識別

①　リスクがある箇所の識別

　次に、生成された財務情報について、各業務の中のどこで誤りが生じるかを識別します。

　財務情報に限らず、情報の生成、承認、記録、処理（計算・編集）、報告の箇所では、情報が人間の手を経由し、あるいは機械処理されるので、この箇所で誤りが発生する危険性が潜んでいると考えられます。

②　どのような誤りがあるかの識別

　これらの箇所で、**図表4－14**に示した「適切な財務情報を作成するための要件」が満たされない場合に、財務情報に誤りが発生します。

図表4－14：適切な財務情報を作成するための要件

（要　件）	（内　　容）
実在性	資産及び負債が実際に存在し、取引や会計事象が実際に発生していること
網羅性	計上すべき資産、負債、取引や会計事象をすべて記録していること
権利と義務の帰属	計上されている資産に対する権利及び負債に対する義務が企業に帰属していること
評価の妥当性	資産及び負債を適切な価額で計上していること
期間配分の適切性	取引や会計事象を適切な金額で記録し、収益及び費用を適切な期間に配分していること
表示の妥当性	取引や会計事象を適切に表示していること

③　リスクの識別

　したがって、誤りが生じる可能性がある箇所で、どの要件が満たされな

くなる可能性があるかを考えることによって、リスクを識別することができるようになります。

例えば、売上高は出荷の事実に基づいて記録します。すなわち、出荷が実際に行われている（発生している）ことが売上を記録するための要件になります。したがって、出荷の業務の箇所では、**図表４－14**の実在性の要件が満たされなくなる可能性があることになります。これを示したのが**図表４－15**です。

図表４－15：財務情報の要件と販売業務の中区分のマトリクス

（財務情報の要件）	受注	出荷指示	梱包	出荷	輸送	請求	代金回収
実在性				×			
網羅性							
権利と義務の帰属							
評価の妥当性							×
期間配分の適切性							
表示の妥当性							

（図表４－15のマトリクスは、筆者が仮定する関連性に基づいて作成したものです。例えば、出荷の業務は"実在性"の要件に関係していますが、これはまだ出荷していないのにもかかわらず、売上を記録する間違いを想定しています。）

誤りが生じる箇所と満たされなくなる要件の関係は、作業内容と情報の流れを記録した**フローチャートなどの文書**を作成すると、分かりやすくなります。

また、識別したリスク（誤りが生じる可能性）は**図表４－16**のリスク・コントロール・マトリクスにまとめます。

118　第4章　内部統制整備の手順

図表4-16：リスク・コントロール・マトリクス

符号	リスクの内容	財務情報の要件	符号	統制の内容
R1	まだ出荷していないのに、売上を記録する	実在性		
R2	・・・・	・・・・		

4) 内部統制の識別

　次に、リスク・コントロール・マトリクスに記載されたリスクを予防あるいは早期発見する統制活動を識別します。

　繰り返しになりますが、統制活動には会社レベルで行われるものと業務レベルで行われるものがあります。このいずれか、あるいは両者の組み合わせで、リスクを予防・発見するのに有効であると考えられる統制を識別します。

　識別した統制は、リスクと対比する形で、リスク・コントロール・マトリクスにまとめます。**図表4-17**は、リスクと統制を対比したリスク・コントロール・マトリクスの例です。

図表4-17：リスク・コントロール・マトリクス

符号	リスクの内容	財務情報の要件	符号	統制の内容
R1	まだ出荷していないのに、売上を記録する。	実在性	C1	出荷時に出荷報告書を作成し、それに基づいて売上を記録する。
R2	・・・・	・・・・	C2	・・・・

5) 有効性評価

　次に識別した統制が、誤りを予防・発見するのに十分か否か、すなわち

内部統制の有効性を評価します。内部統制の有効性は、整備状況と運用状況の両面から確認します。

① 整備状況の有効性評価

整備状況の有効性評価は、適切な内部統制が設計されて業務に導入されているか否か、を確認するものです。

これは、リスク・コントロール・マトリクスに記載された情報に基づいて行います。

② 運用状況の確認

運用状況の有効性評価は、整備された内部統制が意図された通りに運用されていること、すなわち、実際に統制活動が行われていることを確認するものです。

これは、統制活動の実施行為を示す記録の中からサンプルを取って、統制活動の実施の有無を確認します。

6）内部統制報告書の作成

有効性評価の結果に基づいて、内部統制報告書を作成します。

内部統制報告書は、重要な不備がなく有効である場合、重要な不備がある場合、重要な手続が実施できなかった場合などに応じて、適切なものを作成します。

第5章
担当者の知識・
スキルのアップ

5-1 　内部統制整備は経営者の責任

1）経営者の義務

　現代の会社経営者（社長など）は、リスクの発生可能性と発生したときの影響を合理的なレベルまで低減するための内部統制を整備し、運用する責任を有しています。会社の規模の大小は問いません。

　リスクを合理的なレベルまで低減する**内部統制を整備し運用する**とは、リスクを合理的なレベルまで低減する活動を設計し、日常業務の中に導入し、それを日常的に実施することです。

　適切な内部統制が整備・運用されているか否かを確かめるには、日常業務に導入した活動が実施され、リスクを合理的なレベルまで低減しているか否かを評価し、低減していない場合は低減する活動を設計し、日常業務の中に追加で導入します。この一連の作業が**内部統制の有効性評価**です。

2）誰に担当させるか？

　経営者は、内部統制を整備・運用し、その有効性を評価する責任を有していますが、自らが作業をするわけではありません。経営者は、担当者を任命し、その者に作業を命じます。しかし、この担当者は誰でも良いというわけではありません。やはり、会社のリスクと内部統制に精通した人でなければなりません。

3）業務プロセス監査の活用

①　業務プロセス監査の機能

　経営者に代わって、リスクを合理的なレベルまで低減する活動を設計し、日常業務の中に導入し、これが意図したように実施されていることを確認する作業を、本書では「**業務プロセス監査**」と呼びます。

業務プロセス監査では、内部統制を整備し、有効性を評価します。同時に、内部統制が会社にとってのリスクを合理的なレベルまで低減していない事実を発見したら、その改善策の提案をします。

すなわち、業務プロセス監査は、内部統制の有効性を評価し、リスクを低減する内部統制を整備することを支援する機能があるのです。

② 業務プロセス監査のゴール

繰り返しになりますが、業務プロセス監査の目的は、業務プロセスに組み込まれた内部統制がリスクを合理的なレベルまで低減しているか否かを調査して、そうでない場合は改善策を出して、その導入を図ることにあります。

提案した改善策が日常業務の中に導入され、それが実施されて初めて内部統制が完成するので、導入した内部統制の実施状況をフォローアップするところまでが業務プロセス監査の範囲になります。

もし一定期間（業務プロセスの責任者が改善策の導入を約束した期日）が過ぎても改善策が業務に導入されていない場合は、その原因を調査します。最初の改善策が現場の実務にそぐわないなどの理由で導入されないのであれば、現場の業務に即した案を再提案します。

5-2　業務プロセス監査の特徴

1）ゼロにはできないが、少なくはできる

　会社の活動は適時に実施され、正確でなければなりません。そうでなければ会社の経営目的を達成できなくなり、会社は存在意義さえ問われかねないからです。しかし会社の活動は人間がやるものであり、誤りや漏れはつきものです。

　内部統制を如何に整備しても、会社の活動上の行為や取引に誤りや漏れが起こるのを完全に防ぐことはできません。しかし、行為や取引に誤りや漏れが起こる原因を探し出し、それを予防する活動を設計し、誤りや漏れが起き易い個所に導入すれば、それらが発生する確率を抑える事ができます。

2）工場の品質管理との共通点

　図表5－1は、業務プロセス監査は個々の行為や取引の適否を検証するものではなく、業務プロセスが業務の有効性と効率性、法令等の遵守、正確な報告、その他に係るリスクを継続的に合理的なレベルまで低減していることを確認するものであることのイメージ図です。

　そしてこのような考え方は、工場の生産現場では昔から取り入れられており、不良品の発生を抑える品質管理の一環として実践されているものです。

　このように業務プロセス監査は、何か問題が起きていないかを検証するのではなく、業務プロセスの責任者に対して、問題が発生しない業務プロセスの整備に向けたアドバイスを行うものです。

　業務プロセス監査において、既に起きた問題を調査することはありますが、それは問題の調査が目的ではなく、再発を予防するための活動を設計

するための情報収集が目的です。

図表５−１：業務プロセス監査のイメージ

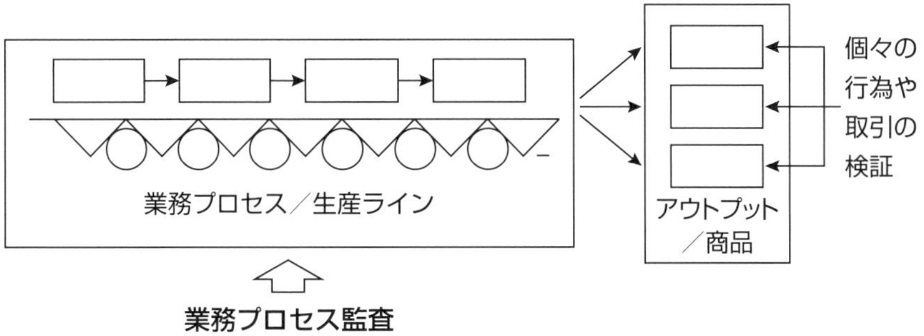

3) 財務諸表監査との比較

① **財務諸表監査での内部統制評価**

　公認会計士が行う会社の財務諸表監査は、財務諸表が主に財政状態と経営成果を適正に表示しているかどうかを監査します。

　現代の財務諸表監査はすべての取引を監査する精査ではなく、内部統制が整備・運用されていることを前提に「試査」によって行われます。内部統制に依拠できる程度を知るために、財務諸表監査では内部統制が整備・運用されていることを評価する作業を必ず実施します。しかし、その範囲は財務諸表の適正性に関する業務に係る内部統制に限られています。

　すなわち財務諸表監査では、顧客あるいは消費者、供給者、従業員等との金銭のやりとりが発生し、それが完結するまでの業務手続について、それらを認識・測定し、記録、報告するプロセスの内部統制の有効性を評価しているのです。

　それはまさしく、金融商品取引法が求める「財務報告に係る内部統制の評価」と同じものです。

126　第5章　担当者の知識・スキルのアップ

②　事業の維持・拡大に重要なこと

しかし、会社が事業を維持・拡大するには、財務諸表監査が対象とするプロセスの以前・以後のプロセスが決定的に重要です。

例えば、会社が消費者の希望に合う商品を開発・製造するには消費者のニーズを把握する為のマーケット調査が必要です。顧客に商品を買ってもらうには自社の商品を認識してもらい、興味をもってもらうための広告・宣伝活動が大事ですし、店頭での接客を初めとした販売活動が重要です。原材料を継続的に供給してもらうためには、原材料の供給元に当方を信頼してもらわなければなりませんし、原材料の品質に関する当方の期待を理解してもらう必要があります。

このように、会社の事業を維持・拡大するには、金銭の授受をする前に多くの重要な活動があります。金銭の受払いが終了した後も、もう一度取引をやってもらうための勧誘やアフターセールスの活動もあります。

この金銭の受払いの前後の活動の有効性を評価するのが業務プロセス監査なのです。

③　業務プロセス監査の対象範囲

業務プロセス監査と財務諸表監査のカバー範囲を比較するために、顧客が会社の商品を購入し、再び購買意欲を示すまでの過程を図にしたのが**図表5-2**です。

この図で明らかなように、消費者の購買意欲を喚起するための広告・宣伝や店員の接客行動、満足度を高めるためのアフター・ケアーは、財務諸表監査では対象外ですが、業務プロセス監査では対象範囲になります。

また、会社が法律や規則に違反し、反社会的な行為を犯し、あるいは従業員が非道徳的な行為を犯したことで、社会的な信用を失うこともあります。これは長い期間にわたって会社の業績と財務に深刻な影響を与えることになりますが、これも会社の存続に影響を与える程のものでない限り財務諸表監査の対象外です。

5-2 業務プロセス監査の特徴

図表５－２：業務プロセス監査がカバーする消費者の購買サイクルと、財務諸表監査の対象

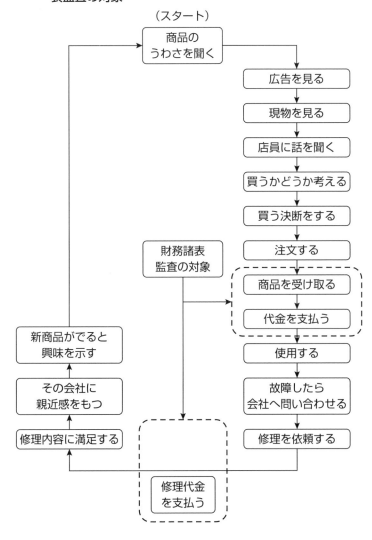

④ 株式時価総額の80％を追加監査

　ある報告によると、最近の会社の株式時価総額のうち貸借対照表に表示されている資産の額が占める割合は20％前後で、あとの80％は会社のブランドや知的財産権、技術、従業員の資質、経営ノウハウ、経営戦略等に対する評価を反映したものであると言われています。

　業務プロセス監査は、会社の財務諸表監査が取り扱わない従業員や顧客の満足度、供給業者への公正な対処など、株価の80％を占めるまでになったバランスシートに表示されない資産に関わる業務の有効性や効率性、法令等の遵守、各種の報告など、広範囲な活動の内部統制を評価対象にしているのです。

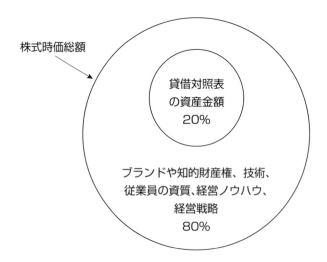

5-3 業務プロセス監査に必要な要素

　繰り返しになりますが、業務プロセス監査は内部統制がリスクを合理的なレベルまで低減しているかどうかを調査し、内部統制が十分に有効ではない場合は、その業務プロセス責任者に対して改善提案を行います。

　業務プロセス監査では、監査サービスを利用する会社内の部署が"顧客"であり、その顧客である部署が自らのリスクを識別、管理し、業務を効率的、効果的に運営するのを支援します。

　したがって、業務プロセス監査を担う部署（主に内部監査部門）は、顧客である部署の業務上のリスクを評価し、内部統制を改善する方法を習得していなければなりません。その要素は、人材、知識、メソドロジー、テクノロジーの4つに分けられます。

1) 人 材

　内部監査部門のスタッフ（内部監査人）は、顧客である部署が業務を効率的、効果的に運営するのを支援する役割があるので、**監査に必要な知識**の他に**コンサルティングの知識と技術**が必要になります。コンサルタントは本質論や自分の意見を言う前に、顧客である部署の悩みや問題点を聞き出して、その解決策を提示する姿勢が大切です。

　業務プロセス監査では、リスク管理に必要な知識と技術を習得し、コンサルティングの経験を積むことができるので、内部監査部門にも社内の優秀な人材を集めることができるようになります。

　社内の多くの業務プロセスとリスクと統制についての知識を習得できる内部監査人はリスク・マネジメントの訓練を受けているので、有望な経営管理者の候補者にもなります。内部監査部での経験を経営者の登竜門として位置付けている会社もあるほどです。

　このような人材を育成するプログラムの一例として、内部監査人を一定

130　第5章　担当者の知識・スキルのアップ

のローテーションで異動させ、多くの部署の業務プロセスとリスクを知る機会を提供する、すなわち内部監査人のローテーションをすることがあります。ただしこれは、内部監査人の養成プログラム（3年くらい）がきちんとできていることが前提になります。

2) 知 識

　内部監査人は、**リスクの種類**と**重要度を分析する知識**、そのリスクが**関係する業務**、リスクを**低減する活動**についての知識が必要です。リスクを低減する活動については、世界中のベスト・プラクティスを知っておく必要があるでしょう。

　監査を効果的に効率良く実施するには、内部監査人達がお互いに監査に必要な知識を共有し、共通言語を理解することも重要です。

　内部監査人は組織横断的に、会社を取り巻く様々なリスクに接しています。業務プロセス監査で得た知識を自分1人のノウハウとして囲い込むのではなく、内部監査部門内で共有するのみならず、社内のすべての部署にそれを伝播・普及していくように努めることが望まれます。

3) メソドロジー

　会社全体のリスク低減に役立つ効果的な業務プロセス監査を効率的に行うには、重要性の高いリスクと関連する業務に時間と資金を集中的に投下しなければなりません。

　それには、**リスク評価、リスクに関連する業務との紐付け、内部統制の有効性評価、改善提案などを効率的に行うメソドロジー**が必要になります。

　しかし、リスク評価や内部統制の整備に1つの決まったやり方があるわけではないので、各会社に最適な監査メソドロジーを確立する必要があります。

4) テクノロジー

監査の効率と効果を高め監査サービスの質を向上させるには、**情報テクノロジーを利用した監査関連ツール**の利用が有効です。

監査関連ツールは、データの抽出や分析を目的としたもの、不正発見を目的としたもの、ネットワークのセキュリティ評価を目的としたもの、監査調書の作成を容易にすることを目的としたもの、内部統制の評価を目的としたもの、継続的なモニタリングを目的としたものなどがあり、欧米の多くの会社の内部監査部門で利用されています。

これらのテクノロジー利用のカギとなるのが、利用する会社側のインフラです。例えば、会社内に構築されている情報処理プロセス自体の設計が悪ければテクノロジーは十分に利用できないし、十分な訓練を受けていない内部監査人では最新鋭のテクノロジーも宝の持ち腐れになってしまいます。

前述した、人材、知識、プロセスと一体となってはじめて、テクノロジーはその能力を発揮することができるのです。

5-4 専門部署の新設とアウト・ソーシング

1) 内部監査部門の設置

経営者は、業務プロセス監査を担当する専門部署（例えば、内部監査部門）を設けて、定期的（例えば、1年に1回）に内部統制の有効性を評価させ、必要な改善措置を提案させることができます。

① 規模

業務プロセス監査を担う内部監査部門の規模は、会社を取り巻くリスクの有無、リスクの大きさ、会社の規模、事業の種類と複雑性、従業員数、コストとベネフィットの比較などによって決定されます。

経営者が内部監査部門の規模や機能を検討する際は、ターゲットとするマーケットやその他の外部経営環境、事業活動の現状や傾向、会社を取り巻くリスクの増大傾向、などを考慮しなければなりません。

② リスク増大の兆候

新規事業分野や新しい市場への進出は新しいリスクの出現の機会であるし、モニタリング活動がもたらす「悪い知らせ」が増加していたり、これまで起こったことがない類の事態が起こったり、これまで「起こるはずがない」と思っていた事故の兆候が高まっている等は、リスクが増大していることを示しています。

組織機構の変更、情報伝達プロセスや情報システムの変更、人事評価制度の変更などの内部要因も、誤謬、業務効率の悪化、従業員のモラル低下などのリスクを増大させるので注意が必要です。

2) 業務プロセス監査のアウト・ソーシング

前述した、人材、知識、メソドロジー、テクノロジーを統合することで、最先端の業務プロセス監査の体制を整えることができます。

もしこれらの人材、知識、メソドロジー、テクノロジーを会社内で整備するにはコスト負担が大きく、あるいは時間がかかりすぎるなどの場合は、このような体制を整えた内部監査部門を他社と共同で設置したり、外部専門家のサービスを利用したりするのも一方です。

自社で技術を開発する時間とコストを節約するために、技術を持っている会社を買収するように、監査でも質の高いサービスを外部から購入（アウト・ソーシング）すればよいのです。

3) アウト・ソーシングのメリット／デメリット

業務プロセス監査のアウト・ソーシング・サービスは、ビッグ4と呼ばれる国際的会計事務所やリスク・コンサルティング会社が提供しています。ある国の調査では、60％の会社が内部監査に外部専門家のサービスを利用しています。

アウト・ソーシングのメリットには、次のものがあります。

- 高度な最新の監査技術やツール、リスク・マネジメントの知識、豊富な経験を有する人材を調達できる
- 国際的会計事務所のスタッフは世界的に統一された教育研修を受けているので、グローバル・ベースで均一的なサービスの提供を受けられる
- 必要な時に、必要な技術と知識及び経験を持つ人材を、必要なだけ利用できるので、コスト・パフォーマンスが高い
- 監査のベネフィットとコストの関係が明確になる
- ベスト・プラクティスなど、国際的会計事務所が持つ世界中のナレッジ・データベースを利用することができる

134　第5章　担当者の知識・スキルのアップ

- 社外の人間が監査を行うので、顧客である部署の"抵抗感"が少ない

　他方デメリットとしては、社外の人間であるために会社の文化に不案内であったり、事業の特性の理解に時間がかかったりすることがあります。

　アウト・ソーシングの形態と利用状況は様々ですが、大体、次のように分類できます。

①　部分的アウト・ソーシング

　これは、監査目的と監査対象の決定、監査計画の立案は内部監査部門で行い、ある特定の部署や子会社の監査を外部に委託するものです。

　部分的アウト・ソーシングは内部監査部のスタッフの員数不足と特定分野の専門性の欠如を補うために、情報システムやデリバティブ取引、コンプライアンスや環境マネジメントなどの特定分野の監査のために、広く利用されています。

②　チーミング

　これは、監査目的と監査対象の決定、監査計画の立案という初期段階から外部の専門家が参加するもので、外部の専門家はあたかも内部監査部門の一員のように行動します。

　監査の実施や報告書の作成も、内部監査部門のスタッフと外部の専門家がチームを組んで行います。

　チーミングのメリットは、内部監査部門のスタッフが外部専門家の持つ最新の監査技術と知識、経験に直に接することができ、監査ノウハウを習得することができることです。

③　全面的アウト・ソーシング

　これは、監査目的と監査対象は内部監査部と外部の専門家が協議して決定しますが、その後は、監査手続を含めた監査計画の立案、監査の実施、

監査報告書の作成のすべてを外部に委託するものです。

このタイプは、語学力や現地の文化、法制、商習慣などとの関係で、監査スタッフの確保がむずかしい海外子会社の監査などに多く利用されています。

第6章
会社の意思決定業務に関係する内部統制

　会社が営む業務の分類モデルはいくつかありますが、本書では、生産会社の業務を、①経営の基本方針を決定する業務を意思決定業務プロセス、②付加価値を創造し収入獲得に直接関係する業務を基幹業務プロセス、③それ以外を支援業務プロセスとして区分し、それをさらに13の業務に大分類しています。（図表4－5参照のこと）

　第6章～第8章では、図表4－5の「全般管理」の業務を2つに分け、全部で14の業務について、その内容、業務執行の要点、不十分な内部統制が経営に与える影響について取り上げます。

　ここでいう業務執行の要点とは、業務手続の実施にあたって達成すべき目標であり、この目標の達成を阻害する事象や行為が、いわゆるリスクになります。同じ目標であっても、それを達成する業務手続は会社によって異なるので業務に潜在するリスクも異なります。したがって、各社においては自社の業務手続を良く理解したうえで、目標の達成を阻害する事象や行為、すなわちリスクを識別する必要があります。

　本章（第6章）では、会社の内部統制の目的と、意思決定業務プロセスにおける2つの業務を取り上げます。

6-1　会社の内部統制の目的

1）自社のリスクに対する内部統制

　すでに取り上げたように、会社法は、株式会社に対して、会社の業務の適性を確保するための6つの体制、すなわち、内部統制を整備することを求めています。具体的には、会社に生じるリスクの発生可能性と発生した場合の影響を合理的なレベルまで低減する内部統制を整備することを求めています。

　本書では、**図表3－1**において、会社が行動することに伴って発生する可能性があるリスクを12に分類し、その発生例を示しました。また、**図表3－8**において、会社法が求める6つの内部統制と12のリスクを関連づけしました。

　個々の会社では、12のリスクの中で自社に関係するリスクを識別し、その発生を予防・早期発見して是正につなげる内部統制を整備しなければなりません。

2）二層制の体制

　（付属解説5－二層の内部統制） に示したように、会社法が整備を求める内部統制には、取締役会や監査役等が代表取締役等の業務執行を監督・監査するための内部統制と、代表取締役等が業務を執行するための内部統制の二層があります。

①　業務執行を監督するための内部統制

　経営目標の設定や経営戦略の策定など、経営の基本方針を決定する業務を担う**意思決定業務プロセス**では、取締役会及び監査役等が代表取締役等の業務執行を監督するための内部統制があります。

経営目標の達成に必要な経営戦略の立案は、産業やマーケット、消費者のニーズに関して深い知識と多くの情報をもっている代表取締役等の手で行われるのが普通です。

これに対して取締役会は、株主から経営の委託を受けた機関として、どの経営戦略が最も経営目標の達成に貢献するかという視点で、経営戦略の妥当性を判断し、決定する責任を負っています。

取締役会は、経営戦略を決定したあとも、代表取締役等による戦略の執行がスケジュール通りに進んでいるか、投資は予算通りに実行されているか、リスクを低減する業務手続が妥当であるか、目標が当初期待したとおりに達成されているか、などを継続的に監督します。

そして取締役会は、状況に応じて、戦略の変更、代表取締役等の交代、事業の撤退などを決定しなければなりません。

この仕組みは会社法で定められているので、どの会社でもほぼ同じような構成になり、同じように機能することが期待されています。

② 業務を執行するための内部統制

付加価値を創造し収入獲得に直接関係する業務を担う**基幹業務プロセス**、それらの業務を支援する**支援業務プロセス**では、経営戦略に係るリスク以外のリスクの発生可能性と発生した場合の影響を合理的なレベルまで低減するために代表取締役等が設計・導入した内部統制があります。

会社に発生するリスクは、会社が営む事業の種類、会社の規模、個々の会社の文化（統制環境ともいう）などによって異なります。リスクが異なれば、統制活動も異なり、統制活動を含む内部統制の塊である業務手続も異なります。

そのため、すべての会社に有効な内部統制を組み込んだ業務手続を示すことはできませんが、**第7章～第8章**で取り上げている"内部統制で達成すべき業務執行の要点"を知ることは、自社の内部統制の整備を進めるうえで参考になると思われます。

3) 意思決定業務プロセス

図表４－５では、生産会社の組織を例に、意思決定業務プロセスと基幹業務プロセス、支援業務プロセスに区分しています。

意思決定業務プロセスは、会社の経営の方向を決める役割があります。このプロセスの活動の結果は、他のすべての業務プロセスに影響を与えます。

生産会社に限りませんが、多くの会社の意思決定業務プロセスには、以下のような２つの大区分の業務があります（これらは、会社の中で「全般管理」と呼ばれている業務で、**図表４－５**でも、そのように表記してあります）。

① 経営目的の設定：経営の基本となる経営目的の設定
② 外部関係者とのコミュニケーション：会社の経営活動の外部への報告

本章の以下では、「経営目的の設定」と「外部関係者とのコミュニケーション」の業務内容、業務執行の要点、不十分な内部統制が経営に与える影響について取り上げます。

6-2 経営目的の設定

経営目的は、会社としての存在意義を明らかにしたものです。

① 業務内容

この業務の目的は、経営目的の確立を通して会社運営の基本を定めることであり、この業務の責任者は経営者です。取締役会は、経営者の意思決定が適切であるか否かについて、監視をします。

この業務では、会社の創業以来の精神、会社文化などを踏まえ、経営理念を明確にし、現在の経営環境にマッチした会社運営の基本方針を定め、組織構造を作ります。

その例としては、経営目的や倫理規範の制定、経営姿勢の明示、会社の定款の改訂、経営組織や業務プロセスの決定、職務規定や人事方針の制定などがあります。

② 業務執行の要点

会社の経営目的は、会社が誰にどのような価値を提供し、社会に対してどのように貢献していくかを明らかにしたものです。

倫理規範は役員や従業員の行動のあり方を示すもので、経営活動に携わる個々の人間が行動を起こす際に、どのように考え、どのように行動すべきかを示したものです。一般的には倫理規程、行動規範、行動基準、行動指針、従業員の心得などの名称で定められています。経営者も、誠実性や信頼性などの会社文化を育てるのに必要なことを自身の言葉や行動で実行し、従業員の行動の模範とならなければなりません。

経営姿勢は、社会一般、仕入先、顧客、社員、株主などに対する会社としての対応方針、会社運営のあり方などを表したもので、一般的には経営方針などと呼ばれます。

会社の定款、経営組織、職務規定、経営目的の達成に向けた行動を取るように役員や従業員を行動させる人事方針、その他業績評価制度、表彰・懲罰制度などを含めた組織構造も、会社運営の基本を構成します。

日本では「以心伝心」とか、「言わなくても分かるだろう」「相手のしぐさを見て覚える」などの文化があり、取締役会や経営者が経営目的を明確に打ち出していない例もありますが、労働力の流動化が進んでいる現状を考えると、すべての役員や従業員が分かるように経営目的を明確に示すべきなのは、言うまでもないことです。

③ 不十分な内部統制の影響

この業務に係る内部統制が不十分であると、次のような経営結果を招くことになります。

- 長期的展望のない意思決定が行われる
- 役員、あるいは従業員が目先の業績達成に惑わされて、不正や不法行為に手を染めてしまう
- 役員、あるいは従業員が非道徳的な行動をとり、会社が世間の非難を浴びる
- 緊急時に全従業員が一致した適切な行動が起こせない
- 従業員の行動ベクトルがばらばらで、業務効率が悪い
- 事業部門の利益と会社全体の利益が乖離してしまう

6-3 外部関係者との コミュニケーション

　取締役会は、経営者に命じて会社の活動に関する情報を作成し、外部関係者（株主等）に提供しなければなりません。

① 業務内容

　この業務の目的は、会社を取り巻く外部関係者との良好なコミュニケーションを図ることです。

　この業務では、株主、投資家、潜在的投資家等に対する会社活動の説明、マスコミへの情報提供、一般消費者に対する会社活動や経営方針の説明、株主総会の開催、業界団体での活動などを行ないます。

② 業務執行の要点

　会社の経営目的である社会的な存在価値の向上と長期的繁栄は、会社に経営資源を供給する従業員や金融機関、サプライヤー、社会、さらには顧客による、会社経営に対する理解と協力によってもたらされます。

　そのために会社は、株主のみならず、会社の持続的発展に大きな影響を及ぼす一般消費者を含めた外部関係者に対して、透明性の高い会社経営の情報を適時に公表し、会社の経営に対する理解を得られるように努めなければなりません。

　外部関係者に対する説明、すなわち外部関係者とのコミュニケーションは、義務とか責任とかいうものではなく、外部関係者に会社活動を理解してもらうための「手段」としてとらえる必要があります。

　外部関係者とのコミュニケーションは、会社が外部関係者と直接コミュニケーションするものと、マスコミへの情報提供という形でのマスメディアを使ったコミュニケーションがあります。

144　第6章　会社の意思決定業務に関係する内部統制

　株主総会や投資家を集めての IR 活動、業界団体での活動などは前者になります。

　マスメディアを使ったコミュニケーションは広告と似ていますが、大きな違いがあります。広告は会社が主張したいことを会社の言葉で表現するのに対して、マスメディアを使ったコミュニケーションでは、会社がマスメディアに発信した情報をマスメディアの言葉で加工して表現します。

　マスメディアに情報を提供する方法としては、マスコミの取材に応じるケースと、記者会見などでマスコミにニュース性のある情報を流すケースがあります。

　短期的には会社の業績にマイナスの影響を与えるものであっても、その情報を公開し、顧客や社会の信用を勝ち取ることで、長期的な会社の価値増大に結びつくことがあることを忘れてはなりません。

③　不十分な内部統制の影響

　この業務に係る内部統制が不十分であると、次のような経営結果を招くことになります。

- 会社の知名度が上がらない
- 提供する商品に対する消費者のロイヤリティが低い
- リクルートがスムースに進まない
- 必要なときに資金が集まらない
- 業績に比較して株価が異常に低い

第7章
会社の基幹業務に関係する内部統制

　生産会社の基幹業務プロセスは、以下のような業務に大区分することができます。

① 商品開発：顧客の要望に合致する特性をもつ商品を開発すること

② 顧客開拓：顧客を開拓し、販売目標達成の戦略とプログラムを立案し、実行すること

③ 購買：原材料、生産設備の購買計画をたて、調達すること

④ 原材料管理：原材料の在庫計画を立て、現物を保管すること

⑤ 生産：生産計画に従って商品を生産すること

⑥ 販売：注文に基づいて商品を出荷して、代金を回収すること

⑦ アフターセールス・サポート：顧客に効果的で前向きな支援を提供すること

　本章では、基幹業務プロセスに属する上記7つの大区分の業務を中区分に細分類し、それぞれの中区分の業務内容、業務執行の要点、不十分な内部統制が経営に与える影響を取り上げます。

7-1 商品開発

　この業務の役割は、顧客の要求を商品の構成要素レベルまで詳細に分析し、生産活動を容易にし、仕上り商品が顧客の期待基準に合致するようにすることです。

　この業務が成し遂げなければならない課題としては、効率的で効果的な開発、最新技術の効果的な利用、コストと品質・納期における競争優位の確保、生産部門との協調、適度なテストの実施等があります。

　商品開発の業務は、次の中区分の業務に分類できます。

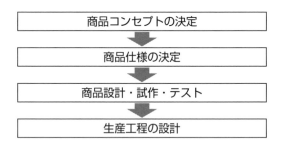

1）商品コンセプトの決定

　この業務の目的は、顧客のニーズを把握するために必要な調査を行い、顧客の問題点を解決し顧客の期待に応える商品像を固めることです。

① 業務内容

　この業務ではターゲットにする顧客を特定し、その顧客のニーズを把握します。顧客のニーズ、顧客が解決したい問題点、問題点解決に顧客が支払ってもよいと考えている販売価格の情報を収集し、どのような商品をど

の価格で提供して顧客の要望を達成するかを決定します。

② 業務執行の要点

消費者ニーズを把握する方法には、定量的な調査と定性的な調査があります。

定量的な調査の代表はアンケートによる大量のサンプル調査です。これは、消費者の嗜好の範囲が小さく、消費者が自分の好みを具体的に表現でき、調査結果が商品化に直結するような商品のニーズ把握に向いています。

消費者自身が自分の抱えている問題点を自覚していない場合、あるいはそれを解決する手段を発見していないような場合は、定量的な調査では消費者のニーズを把握するのは困難です。この場合は消費者が潜在的に解決したいと願っている問題点を把握する定性的な調査が向いています。

定性的な調査には、消費者の個別インタビュー、グループデスカッション、ブレーンストーミングによる問題把握と分析などがあります。

消費者のニーズを把握したら、それをこれから開発する**商品のコンセプトに反映**します。商品コンセプトは、商品の構造、その用途・機能、消費者のベネフィットなどを図や表、文章、数値で表現します。

商品コンセプトの決定には、消費者が認識している問題点を解決するアイデアを商品コンセプトにする方法と、消費者が認識していない利用方法を提案することを商品コンセプトにする方法があります。前者はすでにある商品の改良に、後者はまったく新しい商品の開発に多く取り入れられています。

③ 不十分な内部統制の影響

この業務に係る内部統制が不十分であると、次のような経営結果を招くことになります。

- 顧客のニーズに合わない商品を市場に出してしまう

148 第7章 会社の基幹業務に関係する内部統制

- 消費者が期待している品質、あるいは価格で、商品を提供できない
- 競合相手に先に市場を制覇される

2）商品仕様の決定

　この業務の目的は、商品コンセプトに基づいて新商品が達成する種々の機能と性能を決定することです。

①　業務内容

　この業務では商品コンセプトに基づいて、商品の外観を示す粘土模型の作成、大きさ・機能、性能・生産原価などの決定、使用する部品や技術の決定などを行います。また、商品開発にあたって解消しなければならない技術障害を特定し、その解決方法を決定します。

②　業務執行の要点

　商品仕様の決定は商品の基本設計とも呼ばれます。商品仕様は簡潔であることが大切です。商品仕様は、最初は基本となる重要な項目のみを定め、次のプロセスである"商品設計"の進捗にあわせて順次固定していく方法も採用されています。

　商品仕様を決定するにあたっては、消費者の希望する機能や性能と商品特性をマトリクスで示した一覧表である『品質表』を使用することが多くあります。

　商品開発にあたって解決しなければならない**技術的な障害**は、できるだけ商品開発の初期段階で顕在化させるのが一般的です。障害を早い段階で発見すればするほど対処方法の選択幅が広がり、多様な機能と性能を充足した高レベルの商品を開発できる確率が高くなります。

　商品仕様の決定は、どのような商品を市場に出すかという商品企画の問題です。せっかく開発した商品でも市場に受け入れられなければ会社に何の収入も、もたらしません。そこで、商品仕様ができた段階で、経営トッ

プの会議で**商品開発プロジェクトの評価**を行うのが一般的です。

　評価は商品の競争力、生産設備の投資規模、コスト競争力、収益力などに重きをおいて、項目ごとに評点を付ける方法や会議で経営トップの意見を集約する方法などで行われます。

③　不十分な内部統制の影響

　この業務に係る内部統制が不十分であると、次のような経営結果を招くことになります。

- 顧客のニーズを満たした商品が開発できない
- インパクトのある商品を市場に提供できない
- 消費者が期待している品質、あるいは価格で、商品を生産できない
- 先に競合相手に市場を制覇される

3）商品設計・試作・テスト

　この業務の目的は、商品仕様に基づいて商品の詳細設計を行い、試作品を作り、その商品の概観や性能が顧客の期待に合致するかどうかテストすることです。

①　業務内容

　この業務では試作と性能実験を繰り返し最初の設計の問題点を把握し、量産可能な商品の詳細設計を完成させます。

　商品の価格は消費者が納得するものでなければなりません。目標の商品価格を設定できるように、商品の目標生産原価を定め、それを商品の構成要素（材料費、人件費など）に分解し、目標原価を達成できるように商品の詳細設計や生産方法を工夫します。

②　業務執行の要点

　商品の詳細設計は商品仕様に基づいて行います。近年は３次元 CAD

（コンピュータ支援設計）システムを導入し、集積した既存のデータを使用し、新しい商品の設計に要する時間を大幅に短縮することができるようになっています。

　試作品を作り、それが消費者の期待する機能と性能を持っているかどうかを実験で確認するわけですが、実験に使う試作品は、量産段階でできる商品と同じでなければなりません。試作品を作るラインでしか生産できない『できの良い商品』を使って実験をしても意味がありません。

　最近では、CAE（コンピュータ支援エンジニアリング）システムを使用した性能試験を取り入れて、実物を使用した実験の回数を省略し、開発期間とコストを大幅に短縮することができるようになっています。CAEを取り入れた性能試験を取り入れても、実物の性能を確認するために実物を使用した実験をすることは不可欠です。

　商品仕様で定めた機能と性能の商品ができたら、それを**試供品**として消費者に提供して反応等を調査し、量産化のメドを確認します。

③　**不十分な内部統制の影響**

　この業務に係る内部統制が不十分であると、次のような経営結果を招くことになります。

- 商品設計の各プロセスで、エンジニアやカスタマー・サポートからのインプットを十分に取り入れられなくなり、コストが高くなったり、消費者が望んでいる品質の商品を生産できなくなる

- 量産品の市場への投入が遅れる
- 量産品を市場に出した後に、消費者の希望に合わせるために、多くの時間と金をかけて改良を迫られる

4) 生産工程の設計

この業務の目的は、詳細設計に基づいた商品の大量生産が可能な生産工程を設計し、設備と冶具・工具を調達することです。

① 業務内容

この業務では、決定した商品の詳細設計に基づいて生産ラインの設計を行い、量産試験用の生産ラインをセットアップして大量生産のテスト・ランを行います。この結果に基づいて、予定した品質の商品を予定したコストで、予定した期間で予定した量を生産できる生産ラインを設置します。

② 業務執行の要点

この業務では、まず、設備や冶具、金型を調達し、生産ラインをセットアップし、原材料の投入量や作業手順を確定し、**量産試験**を行います。

生産工程の設計上の不備で予定した品質の商品を予定したコストで、予定したスピードで生産できないときは、工程の設計変更や生産設備の配置換え、作業手順の変更、工作機械のプログラム変更などを行います。

最近では、CAM（コンピュータ支援生産）システムと呼ばれるコンピュータ技術を使用して生産工程の設計を行うようになっています。これは、CAD（コンピュータ支援設計）システムで設計された商品の詳細設計情報を金型や冶具等の生産工程の設計情報に転換するもので、作業のスピードアップと開発期間の短縮に効果を発揮します。

確定した生産工程と必要な資材の仕様書、作業手順書などの商品の生産に係る情報は商品の量産工程の責任者へ提供します。量産工程の責任者は、設計どおりの商品を生産するのに必要なトレーニングを量産工程の主

要スタッフに施します。

　技術革新が急激で消費者の嗜好変化が激しい現代では、生産する商品の変更に合わせた**恒常的な生産工程の更新**が欠かせません。そこで、生産設備を導入するときは、生産工程の変更に耐えられる**フリキシビリティの高いもの**を選択します。

　安定的に生産活動を継続するには、電気、水、ガス、石油などのエネルギーの絶え間ない確保が不可欠です。生産ラインの設備に加えて、**エネルギーを確保するための設備**を準備することも重要です。

（フリキシビリティの高い生産工程）

③　不十分な内部統制の影響

　この業務に係る内部統制が不十分であると、次のような経営結果を招くことになります。

- 試作の段階で達成できた商品コストが達成できない
- 試作品と同じ品質の商品が生産できない
- 予定した時間で、予定した量の商品が生産ができない
- 大量生産に移った後で、不良品が発生する
- 設備変更に多大なコストがかかる
- 量産品の市場への投入が大幅に遅れる

7-2 顧客開拓

　この業務の役割は、既存の顧客ベースを維持・拡大する一方、新しいマーケットを特定することです。

　この業務が成し遂げなければならない課題としては、会社が提供する商品と顧客の期待（例、高品質、低価格、納期の厳守、迅速なアフター・サービス等）とを合致させることがあります。

　顧客開拓の業務は、次の中区分の業務に分類できます。

1）需要予測と販売計画

　この業務の目的は、需要を予測し、それに基づいた販売計画を作ることです。

① 業務内容

　この業務では個人別の消費予測、マーケット情報、経済要因などを基に、商品別の詳細な需要予測と、販売部署別の販売目標金額をはじき出します。

② 業務執行の要点

「造れば売れる」という売り手市場の社会では、生産計画にあわせて販売計画を作ります。しかし現代は、市場に商品が満ち溢れている買い手市場です。買い手市場では、まずどれだけ売れるのかを予測して販売計画を作り、それにあわせて生産計画を作ります。

販売計画の立案は、一般的には次の手順をとります。

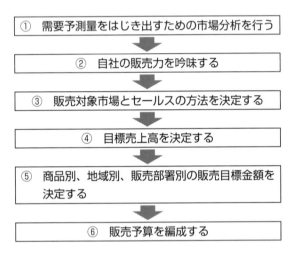

③ 不十分な内部統制の影響

この業務に係る内部統制が不十分であると、次のような経営結果を招くことになります。

- 過大な需要予測に合致するように生産設備を設置したために、工場の稼働率が低下する
- 原材料を大量注文し、結果として過大な在庫を抱え込み、保管料、金利などの負担が増える
- 顧客の需要を過少に評価したために、顧客の注文があってから出荷までの期間が長くなり、顧客を待たせてしまう

- 予測と実際の生産量に差異が出る結果、その対処のために余分な経費（急いで顧客に届けるための割増運賃、余分な電話料などの出費）がかかる

2) マーケティング

この業務の目的は、マーケティング戦略を立て、それを実践するのに必要なマーケティングとプロモーションの手段と資料を確保し、売上増大、マーケットシェアの拡大、ブランドの浸透に寄与することです。

① 業務内容

マーケティングでは市場分析や競合相手の戦略分析などに基づいて、商品を市場へ投入するタイミング、その価格、流通網、販売促進の政策等を決定します。

マーケティングは、販売目標を達成するために会社の商品を市場に広めていく活動で、単なる広告・宣伝ではありません。

② 業務執行の要点

この業務では、標的にするマーケットや物流チャネルなどを含むマーケティング戦略に基づいて、ブランドや商品をマーケットに訴える戦略を決定し、メディアでの広告宣伝内容、商業展示会でのディスプレイ、宣伝用印刷物などを開発して、マーケットに訴求するコミュニケーションを展開します。

最近では、マーケティングの効率を高め、消費者の需要を喚起するために、対象市場を絞り込んだターゲット・マーケティングが一般的になっています。

③ 不十分な内部統制の影響

マーケティング業務に係る内部統制が不十分であると、次のような経

営結果を招くことになります。

- 広告宣伝の手段・内容が、ターゲットにしているマーケットに訴求しない
- 商品やブランドがマーケットで認識されない
- 顧客のニーズと期待の把握が十分に行き届かず、マーケットシェアが拡大しない
- 品質、サービスが顧客の期待に達せず、マーケットでの評価が低下する
- マーケティング活動が空回りし、販売の増加につながらない

3）販売活動

この業務の目的は、顧客を識別し、販売活動を展開し、販売契約を成立させることです。目標は、より多くの売上獲得です。

① 業務内容

販売活動は、販売目標を定め、それをセールスマン、担当分野・地域に割り当て、そのテリトリーの市場を開拓することから始まります。

販売目標は、市場と顧客の調査を行い、潜在顧客層の分析図、価格表、生産計画、マーケティング戦略などに基づいて決定します。

受注状況に基づいて、最初の販売目標を修正することもあります。

② 業務執行の要点

新規市場（会社、地域、業種・業態など）を開拓する場合は、展示会、ダイレクトメールなどにより、新規開拓対象市場から**販売見込み客**を決定します。販売見込み客は、販売商品を必要としているか、購入する意欲があるか、購入予算を持っているか、購買決定権を持っているか、などの基準で絞り込みます。

見込み客を特定したら、訪問の日程と面談の内容、訪問時に達成する目

標などの訪問計画を作ります。訪問を繰り返すごとに商談の流れがスムースに進んでいるかどうかを振り返り、必要に応じて訪問計画を修正していきます。上司がアドバイスする際の参考になるように、訪問や商談の内容は必ず書面に記録し、上司の閲覧を受けるようにします。

セールスマンの1週間、あるいは1か月ごとの販売成果が計画を下回るのであれば、上司は、販促物を補充するとか、セールスマンの活動を変更するなどの指示を適時に与えなければなりません。

全体的に販売が伸び悩んでいる場合は、競業相手や業界の動向を把握し、次の新商品の導入の機会を探り、既存商品の位置を再確認し、価格の引下げなどを決定します。

販売活動は販売代金を回収して完了するものです。信用取引をする場合は、貸倒れを予防するために、取引開始前に取引相手先の信用度を調査し、相手の事業経歴、事業規模、資金力などから、取引しても将来問題がなさそうか、与信（掛売り）限度額をいくらにするか、決済条件、担保の設定などを決めます。これを与信審査といいます。

与信審査は販売担当部署とは別の部署が担当します。なぜなら、販売担当部署は売上を伸ばしたいために、購入を希望する相手に対してはどうしても甘くなり、審査を厳格に行えないおそれがあるからです。

セールスマンのモチベーションを高めるために、成果をきちんと測定し、それに見合った報酬を与える仕組みを作ることも大切です。

（販売活動は代金回収で完了）

商品提供＝開始

代金回収＝完了

158   第7章　会社の基幹業務に関係する内部統制

③　不十分な内部統制の影響

　販売活動業務に係る内部統制が不十分であると、次のような経営結果を招くことになります。

- 販売員1人当たり売上高が目標に達しない
- 販売戦略が顧客の期待に対応していないために、売上高あるいはマーケットシェアが拡大しない
- 販売効率が低下し、売上高に比較して販売経費が多く掛かる
- 競合相手に重要な顧客を奪われる
- 回収困難な売掛金が発生する

7-3　購買

　この業務の役割は、会社に必要なすべての物品やサービスを調達することです。

　この業務が成し遂げなければならない課題としては、価格競争力がある信頼性のおけるベンダーの確保、納期の管理、購入代金の正確な把握などがあります。

　購買の業務は、次の中区分の業務に分類できます。

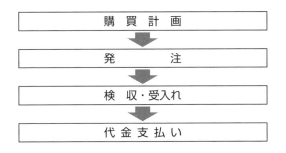

　なお、本項では原材料の調達を中心に述べ、生産設備や工具、サービスの購買は取り上げていません。しかし本項で取り上げる原材料の調達に関わる業務執行の要点と不十分な内部統制の影響は、生産設備や工具を含むすべての物品やサービスの購買に共通するものです。

1）購買計画

　この業務の目的は、生産計画に基づく原材料を確保するために、購買計画を立案し、信頼のおけるサプライヤーと購買契約を締結し、そのサプライヤーとの良好な関係を維持することです。

160　第7章　会社の基幹業務に関係する内部統制

①　業務内容

　原材料の購入は、生産活動に必要な物品を調達することです。原材料が不足すれば生産ラインがストップします。生産ラインが止まり、販売する商品が品切れてしまうと販売活動ができなくなります。

　企業活動では、生産や販売に支障が出ないように、間断なく原材料や部品を調達する購買業務が非常に重要です。

②　業務執行の要点

　購買計画は、販売計画→生産計画→原材料の在庫計画の手順を踏んで立案します。

　原材料が多すぎず、少なすぎないよう安定的な購買を進めるには、長期的な購買計画に基づいて、継続的に原材料を供給できる仕入先を確保します。

　購買先は、複数確保しなければなりません。購買先を1箇所に限定すると、災害や天候不順、事故などが購買先に発生した場合、計画どおりの原材料の確保が困難になり、生産がストップしてしまうリスクが高くなるからです。

　農産物などの場合は、天候不順に伴う作物の生育不良で原材料の確保が困難になる影響を緩和するために、供給地の地理的な分散を図る必要があります。

　購買先の選定では、複数の仕入れ候補先から見積りを取って、品質と安定供給の能力があることを条件に選定し、購買条件を決定します。その後においても、購買先の実績を監視していきます。

　購買先の選定や購買価格等の決定は購買担当者以外の者が担当します。購買担当者が直接担当すると、キックバックやリベート受取りなどの不正の温床になりやすいからです。

　原材料を円滑に継続的に調達するルートを確保していないと高いコストについてしまうことがあります。原材料の不足を補うために遠い外国から

高い航空運賃をかけて緊急輸送するケースも時々見られます。また、安定的に調達できるルートがないと、突発的に、これまで取引のない業者と十分な価格交渉をする時間がないままに相手の言い値で購入し、仕入価格が高くなってしまうこともあります。

（信頼のけるベンダーの確保）

③ 不十分な内部統制の影響

　購買計画の業務に係る内部統制が不十分であると、次のような経営結果を招くことになります。

- 購買担当者の独立性がなくなり、最適なベンダーの選定ができなくなる
- キックバックの原資分が上乗せされるために、購入価格が高くなる
- 必要な量の原材料を確保することができずに、生産がストップする
- 原材料の納期や品質が保てなくなり、生産スケジュールに狂いが生じる
- 原材料や部品の品質が粗雑なために、不良商品やスクラップが大量に発生する
- ベンダーへの発注から納品までのリードタイムが長いために、生産計画の変更に柔軟に対応できずに、収益獲得のチャンスを逃してしまう
- 原材料の量の確保を優先したために、購入価格が高くつく

162　第7章　会社の基幹業務に関係する内部統制

2）発 注

　この業務の目的は、最適な量の原材料を、最適な価格で、最適なタイミングで発注することです。

①　業務内容
　この業務では販売計画→受注状況→生産計画の手順を踏んで、原材料の手持在庫量、リードタイム、最低在庫レベルを考慮して、ベンダーに注文を出します。

②　業務執行の要点
　原材料の発注は生産計画、在庫量との兼ね合いで行います。合理的な在庫量の算定にはいくつかの経営科学的手法が開発され、利用されているので、自社にあった手法を採用します。

　発注方式には、原材料の手持在庫にセーフティレベルを定めておき、それを割ったら発注を行う方法もありますが、生産計画と関係づけて原材料の発注量と発注のタイミングをスケジュールすると手持在庫を少なくでき、在庫の保管に要する倉庫代、金利、在庫管理の人件費などを節約することができます。

　発注の際は、必ず納期を確認します。納期が守られなければ、経営科学的手法にもとづいた発注を行っても意味がなくなってしまうからです。発注と納入のタイミング、つまり「いつまでに注文したものは、いつまでに納入する」という内容については、購買契約書で取り決めておきます。

　無理な発注を行ったために、納入品に瑕疵があったり、納期に間に合わなかったりすることがあります。発注する際は、購買先の生産能力も考慮にいれ、無理のない納入期限を設定しなければなりません。

　発注内容は必ず控えておきます。この「控え」は納品されたときの検収の基データになり、請求書の内容を確認する際に必要な情報を提供します。

③ 不十分な内部統制の影響

発注業務に係る内部統制が不十分であると、次のような経営結果を招くことになります。

- 原材料が確保できずに生産が停滞し、顧客への商品納入が遅れ、顧客からクレームを受ける
- 過剰在庫を抱えて、原材料に投下した資金が固定化する
- 商品の品質維持に必要な原材料が調達できずに代替品を使ったために、不良商品やスクラップが大量に発生する
- 原材料の仕入価格が上昇してしまう

3）検収・受入れ

この業務の目的は、納品された原材料が自社によって発注されたものであることを確認し、納品書に記載されている数量と品質が現物と一致していることを確認して、原材料の受入れを正確に記録することです。

① 業務内容

この業務では、納品スケジュールに基づいて受入れの準備をし、物を受け取ったらすぐに検収作業に入ります。

検収では、納品された原材料と発注書の控えのデータを照合し、原材料の品目、品質、数量が注文内容に合致していることを確認します。

② 業務執行の要点

検収作業が適切に行われるように、発注担当者とは別の者が検収を担当します。

検収作業で数量不足や品質不良品を発見した場合は、すぐに購買先へ連絡して、代わりの物品の納入を求め、生産計画に支障が起きないように対応します。

受け入れた物品は、保管条件があれば確認し、所定の在庫場所に収納し

ます。物品の収納場所は、分かりやすいように系統立てて取り決めます。

検収・受入れが済んだら、原材料の棚札と棚卸資産台帳の数量をアップデートし、現物の在庫数量が帳簿で正確に把握できるようにします。

検収・受入れの情報は、誤り無く、漏れなく所定の方法で処理し、適切な仕入代金の支払いに繋がるようにします。検収作業が後回しになり、仕入代金の支払い後に不良品や品違い品の情報が会計担当者に伝わるのは、回避しなければなりません。

（検収・受入れの業務）

③ 不十分な内部統制の影響

検収・受入れの業務に係る内部統制が不十分であると、次のような経営結果を招くことになります。

- 納品数量が発注数量よりも少ないのにもかかわらず、発注数量が納品されたとして処理し、納品数量の代金よりも多い代金を支払う
- 発注書の控えに記載された数量を超える数量の原材料が納品され、不要な仕入の代金を支払う
- 期日より早く納品されたり、発注量より多く納品されたりしたために、過剰な在庫を抱えて、円滑な在庫管理が困難になる
- 検収・受入れされたものが棚卸資産台帳に正確に記録されず、帳簿で数量管理ができない
- 検収作業に当たる人手が手薄で、すぐに返品すべき品違い品が返品されずに、余分な代金の支払をしてしまう

4）支払い

　この業務の目的は、原材料の購買先に対して、期日に所定の代金を支払うことです。

① 業務内容

　この業務では、仕入代金を購買先ごとに集計し、銀行振込みなどの方法で代金を支払います。

② 業務執行の要点

　支払いにあたっては、先方の請求書を鵜呑みにしないで、購買先からの請求書の内容と当方の発注書及び検収情報の内容とが一致することを確認します。

　支払いは、その都度行う方法もありますが、事務処理の手数を節約するために時期を決めて行うのが一般的です。時期を決めて支払う場合は、「毎月の何日までに納入し、何日までに請求書が届いたものは、何日に支払う」という内容の支払条件を購買契約書に明示しておきます。

　架空支払いを防ぐために、請求書の内容と発注及び検収内容の一致を確認して支払いの承認を行う人と、支払事務を行う人は分離します。また、同一の請求書に対して二重の支払いをしてしまうのを防止するために、支払済みの請求書には「支払済み」の印を押します。

　銀行振込のように支払いの記録が残る方式以外の方式で支払う場合は、必ず購買先から領収書を入手します。

　通常と異なる方法で支払いを求められた場合は、支払いの前に、購買先の責任者に、要求内容の正確性を書面で確認するようにします。

③ 不十分な内部統制の影響

　支払業務に係る内部統制が不十分であると、次のような経営結果を招く

第 7 章　会社の基幹業務に関係する内部統制

ことになります。

- 購買先からの請求書に誤りがあるのに気付かずに、誤った金額の代金を支払う
- 代金の支払い回数が多くなり、事務処理に多大な時間を要する
- 代金の支払いが遅れ、購買先の資金繰りが困難になり、信用を失う
- 二重支払いや架空支払いが起きて、損害をこうむる

7-4　原材料管理

　この業務の役割は、生産工程で使用する原材料の全体的な流れを管理するための計画を立案し、現物管理のインフラを確保することです。

　この業務が成し遂げなければならない課題としては、正確な原材料の消費予測、原材料の流れの効率的な管理、最適で正確な在庫レベルの維持などがあります。

　原材料管理の業務は、次の中区分の業務に分類できます。

1）在庫計画

　この業務の目的は、原材料の品切れを回避しつつ最小の在庫レベルを保つように、原材料の在庫レベルを計画し管理することです。

①　業務内容

　この業務では、最低在庫レベルと発注量及び発注タイミングの決定、在庫報告書のレビュー、最低限の在庫レベルの保持、長期滞留品や陳腐化品の処理、実地棚卸の計画と管理などを行います。

②　業務執行の要点

　原材料の発注方法には定量発注方式と定期発注方式があります。

　定量発注方式は、在庫が使われるごとに減っていき、ある量（発注点）

168   第7章　会社の基幹業務に関係する内部統制

まで減少したときに一定量を発注する方式です。この方式は発注点と1回当たりの発注量を決めておけばよいので、発注に手間と費用がかからない利点があります。この方式は、一定期間の消費量が比較的安定していて、一定の価格で容易に入手できる原材料の管理に向いています。

　定期発注方式は、期日が到来したらその都度発注量を決めて発注する方法です。この方式は、品目ごとの発注量をその都度決定しなければならない煩雑さがありますが、決められた日に多くの品目を同時に発注できるので、発注回数を減らせるメリットがあります。この方式は消費量の変動が大きい品目、陳腐化しやすい品目などの管理に向いています。

　原材料の品切れを警戒し、一度に大量に仕入れて多くの在庫を抱えることがありますが、大量の在庫品の保持は次のような問題をはらんでいます。

- 在庫品に多額の資金が投下されるために、金利負担が増える
- 長期間滞留するために、減耗による損失が発生する
- 生産の中止や商品様式の変更により、使用できない原材料が発生する
- 在庫品の保管のために、倉庫代や取扱費用が余分にかかる

---

③　不十分な内部統制の影響

　在庫計画の業務に係る内部統制が不十分であると、次のような経営結果を招くことになります。

- 原材料や部品の在庫切れにより、生産がストップする
- 緊急で仕入れたために、仕入価格が高くなったり、航空運賃などの余分な経費が掛かったりする
- 過剰在庫を抱え、在庫管理や倉庫料に余分な経費が発生する
- 使用されない原材料が発生し、評価損のリスクを抱える

2) 現物管理

この業務の目的は、原材料を保管し、生産に必要な物品を必要な時に供給することです。

① 業務内容

この業務では、生産工程で使用する原材料を良好な状態で保管し、数量を正確に保ち、生産工程が必要とするときに、必要とする量を供給します。

② 業務執行の要点

原材料の保管場所は、原材料の特性に合わせて決定します。物理的に変質するものは、変質を防ぐ設備を備えた場所に保管します。爆発物や毒物などの危険物は鍵のかかる場所に保管します。

年に何回かは実地棚卸をして現物の確認を行い、在庫台帳の数量との一致を確認します。実地棚卸を行う目的は、決算にあたり在庫台帳の数量を実際の数量に合わせることと、在庫台帳と実際の数量に差異がある場合はその原因を把握して、差異の再発（紛失、盗難等）を防ぐ対策を講じることにあります。

棚卸の方法には、すべての在庫品を一度にカウントする一斉棚卸と、特定のエリアや特定の原材料を区分して順番にカウントする循環棚卸があります。

実地棚卸の回数は原材料等の性質に応じて、年1回、半年に1回、毎月1回などと取り決めます。最近では、原材料に軽重をつけて、重要な在庫品は何日に1回というように頻繁に、そうでないものは年に1～2回カウントするやり方が導入されています。

実地棚卸では、数量のほかに、原材料等の物質的な状況、長期滞留品の有無なども把握し、その保管方法や処分の時期を検討する際の参考にします。

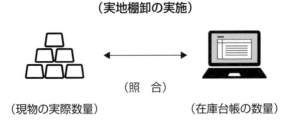

③ 不十分な内部統制の影響

現物管理の業務に係る内部統制が不十分であると、次のような経営結果を招くことになります。

- 入出庫の管理、あるいは保管場所における在庫管理が不十分なために、紛失や記録漏れが発生し、在庫台帳の数量と実際の数量に差異が生じる
- 在庫台帳の上では存在するはずの在庫が無いために、生産がストップする
- 原材料が物理的に劣化する
- 原材料が倉庫から勝手に持ち出され、会社の目的外に使用される

7-5 生産

　この業務の役割は、原材料を加工して、予定した品質の商品を、予定したコストで、納期に間に合うように生産することです。

　この業務が成し遂げなければならない課題としては、生産技術についての最新情報を収集する能力、効率的で効果的な方法で生産を行うのに必要な人材を雇用する能力、低コストで高品質の商品を期日までに短期間で生産する能力、の確保などがあります。

　見込み生産の場合は、特に現代のように技術革新のスピードが速く、消費者の嗜好の変化が激しい状況では、様々な外的要因によって陳腐化商品や死蔵品が発生しやすい環境にあります。そこで、消費者のニーズの変化にすぐに対応できるように、生産期間を短くし、最新の需要予測に基づいた精度の高い生産計画が立てられる体制を確立し、商品はできるだけ少なく保持し、売残り品の廃棄や処分をしなくても済むようにすることが大切になります。

　生産の業務は、次の中区分の業務に分類できます。

```
┌─────────────────────┐
│     生 産 計 画      │
└─────────────────────┘
          ▼
┌─────────────────────┐
│     生 産 統 制      │
└─────────────────────┘
          ▼
┌─────────────────────┐
│     原 価 管 理      │
└─────────────────────┘
          ▼
┌─────────────────────┐
│     品 質 管 理      │
└─────────────────────┘
          ▼
┌─────────────────────┐
│     商 品 保 管      │
└─────────────────────┘
```

　生産計画と生産統制をまとめて工程管理と呼んでいる例もありますが、本項では説明の都合上、別区分としました。

172 第7章 会社の基幹業務に関係する内部統制

本項では、見込み生産を前提に、生産の業務内容、業務執行の要点と不十分な内部統制の影響を取り上げます。

1）生産計画

この業務の目的は、リソースを最大限に生かして、最も効果的で効率的に商品を生産する計画を立案することです。

① 業務内容

この業務では、販売計画、受注状況、在庫情報、工場の労働力や生産力などの情報を入手して、実行可能な全般的生産計画（大日程計画）を立てます。

次に生産のロットサイズを決め、いつどれだけ生産するのかの生産計画（中日程計画）を立て、それに基づいて作業指示書（小日程計画）を作り、現場へ発行します。

② 業務執行の要点

生産計画には、以下の4つが含まれます。

- 商品の生産日程を決定する**日程計画**
- 生産に必要な人員、材料などの投入量とタイミングを決定する**工数計画**
- **作業工程（作業手順）の決定**
- **生産設備や原材料の調達**

作業工程の決定は次項「**2）生産統制**」で取り上げることとし、生産設備や原材料の調達は「**7-3 購買**」で既に取り上げたので、本項では**日程計画**と**工数計画**を取り上げます。

7-5　生産　*173*

（日程計画）

　生産の日程計画は需要予測と販売計画に基づいて行います。正確な需要予測に基づいた日程計画を作るには、日程計画を大日程計画、中日程計画、小日程計画に分け、順次詳細な内容にしていきます。

　大日程計画は、1年くらいの期間をカバーして工場全体の生産品目を対象に、月単位ごとの生産量と在庫量の目安を立て、これに基づいて、人員の確保や原材料の調達の計画を立てます。

　中日程計画は、3か月くらいの期間をカバーして商品品目別に生産量と納期の計画を立てます。翌月分の計画は翌々月分の計画よりも詳細に、例えば、翌月分は日単位の計画で、翌々月分は週・旬単位などの計画にします。これに基づいて関係部門は原材料や生産設備、人員の調達を行います。

　小日程計画は、週あるいは旬単位をカバーし、どの作業者あるいはどの機械で、どの商品を、いつ作るかを日単位あるいは時間単位で計画します。

　少なくとも翌日の計画では、作業者、作業開始時間、終了時間を定めます。そしてこれは、翌日の作業指示書として使われます。

（日程計画の詳細化）

大日程計画
（1年単位）　➡　中日程計画
（3か月単位）　➡　小日程計画
（旬、週単位）

（工数計画）

　工数計画では、生産工程が日程計画を正確に実行するだけの能力を備えるように準備します。

174　第7章　会社の基幹業務に関係する内部統制

　工数計画の目的は、所定期間に所定量の商品を生産するための**負荷工数**と、保有する機械装置及び利用可能な労働者数と労働時間で決まる**生産能力**を比較し、その差である**余力**を確保すると同時に、余力を最小にすることです。

③　不十分な内部統制の影響
　生産計画の内部統制が不十分であると、次のような経営結果を招くことになります。

- 部品やコンポーネントを作りすぎ、在庫の回転期間が低下する
- 作業指示が細切れのために、作業の準備に無駄な時間を費やす
- 作業工程によって労働効率にばらつきがあり、スムースな生産ができない
- 部品切れによって、生産ラインがストップする
- 生産工程のボトルネックが認識されない
- 工場の工程間の仕掛品在庫が増える
- 工場の生産が停滞し、顧客への納期を守れない
- 工場の稼動率が計画より低いために、労働力の有効稼動率が低下する

2)　生産統制

　この業務の目的は、生産計画に基づいて、原材料を加工して予定量の商品を期日までに作るのを確実にすることです。

①　業務内容
　生産統制では、作業指示書どおりに現場の作業が進んでいることを継続的に監視し、生産計画と実績を比較し、差異が発生したときはその原因を分析し、対策を講じて、初期の生産計画が達成できるように努めます。

② 業務執行の要点

生産統制は、生産計画を円滑に実行に移すために実施するものであり、小日程計画に基づいて作業の実施を指示する**製作手配**、各作業者と機械に作業を割り振る**作業割当**、作業の実施状況を統制する**作業統制**、生産実績報告書等を作成する**資料管理**があります。

（製作手配）

製作手配は、工程別の作業予定や図面、手順表を渡して作業を総括的に指示するものと、作業指示書で個別具体的な作業の実施を指示するものに分かれます。

製作手配は管理部門の担当ですが、それ以降は生産現場の担当になります。

（作業割当）

生産現場では、製作手配に基づいて、その仕事の実施に必要な原材料や図面、治工具をそろえていつでも作業が始められるように準備し、誰にどの仕事をやらせるか、どの機械で作業をするか、どの仕事を先にやるかを決めて、**作業割当**をします。作業者が決まったら、作業の順序など作業の方法を指示します。

（作業統制）

作業が始まったら、指示された数量の商品をスケジュールどおりに生産するように**作業統制**を行います。作業統制では、小日程計画に基づいて予定どおりに作業が進んでいるかを確認する**進捗度管理**、工数計画に基づいて作業者や機械が有効に活用されていて遊んでいないかを確認する**余力管理**、現品が何処にいくつあるかを確認する**現品管理**を行います。

進捗度管理は生産統制の中でも重要な機能の１つで、進度遅延の早期

176　第 7 章　会社の基幹業務に関係する内部統制

発見とその対策が重視されます。進度の遅延が発見されたら、その原因を把握し、その対策を実行し、遅れた進度を回復するための対策を実行し、進度を回復させます。

　進捗度管理を確実に行うには**現品管理**も重要になります。現品は工程を移動していく間に形状が変わり、ロットが分割されたり破損や不良品が生じたりするために、あるべき数量と実際の現品数量に差異が生じることは稀ではありません。

（資料管理）

　各工程で作業指示書に基づく作業が終了したら完成品を次工程に送るとともに、作業実績を生産実績報告書や作業実施報告書に記録する**資料管理**を行います。記録する内容は生産数量、不良品数、作業時間、使用原材料などです。

③　不十分な内部統制の影響

生産統制の業務に係る内部統制が不十分であると、次のような経営結果を招くことになります。

- 労働生産性が低くなる
- 原材料の消費が多くなる
- 生産時間が長くなり、工程間に仕掛品が過剰に蓄積する
- 労働者の欠勤が多くなり、あるいは労働者のモラルが下がり、労働生産性が低下する

3）原価管理

　この業務の目的は、商品設計段階で定めた原価目標を達成することです。

① 業務内容

製品開発の部署では、目標原価を達成できるように商品の詳細設計や生産方法を工夫します。

生産現場では、その目標を達成するように生産統制を行います。同時に、生産工程ごとに製造原価を積算し、標準労働時間、標準材料使用量、標準機械時間などと比較をし、差異があればその原因を分析して、改善するための対策を立てます。

② 業務執行の要点

原価管理は、実際の発生原価を標準原価に近づけるための伝統的な原価管理活動から、目標にする原価を定めそれを達成するために仕事のやり方をどのように変えればよいかを考える**原価低減活動**に比重が移っています。

（原価低減活動）

削減できる原価の発見

生産現場での生産性向上の方法には、作業員の作業動作スピードや工作機械の作業スピードアップをはかり作業時間を短くして生産性を向上させる方法と、原材料が生産工程に投入されてから後の加工待ちの時間を短縮して生産性を向上させる方法があります。

前者は作業者の労働強化につながる可能性が高く、スピード向上には限界があります。後者は、生産工程間のボトルネックによる加工待ち、機械の段取り時間による加工待ち、次工程への搬送、などに要する時間を減らして、**正味加工時間の比率**を増やして生産性を上げるものです。

178　第7章　会社の基幹業務に関係する内部統制

　正味加工時間の比率を高めるには、**作業動作の分析**を行って付加価値を生み出している作業とそうでない作業、省いても良い作業、一緒にやっても良い作業、手順を変更すべき作業などを洗い出して、作業改善を行う方法があります。

　作業動作の分析の方法には、ストップウオッチを使用して作業者の作業を一定時間にわたって観察する方法と、多くのランダムなタイミングで作業者の作業内容を観察して統計的な推定を行う方法があります。

③　不十分な内部統制の影響

　原価管理の業務に係る内部統制が不十分であると、次のような経営結果を招くことになります。

- 原価が高くなり、目標利益率を達成できなくなる
- 顧客が望む価格で商品を提供できなくなり、市場での競争に負ける

4）品質管理

　この業務の目的は、商品が顧客の期待に合致する品質を確保できるように技術的なサポートをすることです。

①　業務内容

　この業務では、高品質で低価格な商品を継続的に製造できるように品質管理の基準と手続を定め、現場がそれを実施できるようにサポートします。

②　業務執行の要点

　品質管理の目的は、消費者が期待する品質の商品を、消費者が期待する販売価格を可能にする生産原価で生産することです。すなわち品質管理は、単に生産現場での品質だけでなく、商品設計、導入する生産設備や工具、購入する原材料や部品の決定などを含む、生産工程全体に及ぶもので

す。

　それでもなお、商品設計の段階で意図していた概観、機能、性能などを商品に正確に反映する生産現場での品質管理は重要です。

　技術的な条件を一定とすると、一般的には品質の向上はコスト・アップにつながります。コストを維持したままで品質向上を図るものには、以下のような方法があります。

- 商品設計を変更して、新しい原材料や生産方法を開発する
- 生産設備を更新して効率的な生産ラインを導入する
- 生産現場の作業のやり方を変える
- 上記を組み合わせる

　生産した商品の品質を一定に保つには、商品の機能上許容できる品質の最大値と最小値を定め、生産された商品がこの間に納まることを検査で確認しなければなりません。この値は、生産された商品の機能がこの範囲にあれば『合格』とする検査の基準ですが、あくまでも顧客に受け入れられる水準でなければなりません。

　品質の検査方法には全量検査と抜取り検査があります。1個でも不良品があると顧客との関係が悪化するなど完全な品質が要求される場合は全量検査が望ましいのは言うまでもありません。

　しかし全量検査は、時間とコストが掛かりすぎるマイナス面があります。また、検査をするためには商品を破壊しなければならないケースでは全量検査は不可能なので、抜取り検査を行います。

③　不十分な内部統制の影響

　品質管理の業務に係る内部統制が不十分であると、次のような経営結果を招くことになります。

- 品質検査に多大の時間を要し、商品の製造原価が高騰する
- 品質不良による苦情や返品が多くなり、顧客の信用を失う

180　　第 7 章　会社の基幹業務に関係する内部統制

- 返品された商品の廃棄コストが多額になる

5）商品保管

　この業務の目的は、顧客へタイムリーに商品を届けることができるように最適な商品の在庫レベルを確保し、迅速・正確に出庫できるように保管し、社内の関係者、特に販売業務関係者へ正確な商品在庫情報を提供することです。

①　業務内容

　この業務では、検査が終了した商品を生産現場から受け取り、商品を所定の場所に収納し、商品の入庫情報を商品台帳に記録します。

　商品を出荷したら出庫情報を商品台帳に記録します。

　年に 1 ～ 2 度は実地棚卸をして商品の在庫数量を確認し、商品台帳の残高記録と照合します。

②　業務執行の要点

　商品が品切れすると、会社の収入獲得の源泉である販売活動ができなくなります。品切れを警戒するあまり、一度に大量の商品を生産するケースがありますが、**大量の在庫商品**の保持は次のような問題をはらんでいます。

- 在庫品に多額の資金が投下されるために、金利負担が増える
- 長期間滞留するために、売残り品、陳腐化あるいは品質低下による不良在庫が発生する
- 在庫品の保管のために倉庫代や取扱費用が余分にかかる

　一度に大量の生産を行い、多くの在庫品を抱えてしまう一般的な背景には以下のようなものがあります。

7-5　生　産　*181*

- 営業部門と生産部門のコミュニケーションが不足している
- 営業担当者が在庫の有無に関係なく注文を取ってくる
- 在庫水準についての社内ルールが確立されていない
- 商品ごとの在庫を把握するシステムがない
- 販売情報が生産部門に伝わらず、死に筋商品を継続生産している

これを避けるには営業部門、生産部門、商品倉庫の連携を良くし、情報を交換して、必要なものを必要なだけ生産するようにしなければなりません。

商品の保管で重要なことは、商品を物理的な劣化や損傷から守ることはもちろんですが、顧客から要望があった場合に、顧客が希望する商品を即座に出荷できるように、整然と保管することです。

商品の収納場所は、分かりやすいように系統立てて取り決め、商品の判別が容易になるように、保管場所に商品の品目、形状、色などが簡単に判別できる棚札を設けます。

③　不十分な内部統制の影響

商品保管の業務に係る内部統制が不十分であると、次のような経営結果を招くことになります。

- 顧客が希望する日に希望する商品を届けられない
- 顧客の希望と異なる品目、規格、色、などの商品を発送してしまう
- 顧客や営業担当者からの在庫情報、配達可能日などについての問合せに、即座に、正確に応えられない
- 長期滞留品や陳腐化品が発生し、商品の廃棄や処分で損失を被る

182   第7章　会社の基幹業務に関係する内部統制

（付属解説9－陳腐化や死蔵品が発生する外的要因）

　会社が陳腐化品や死蔵品を抱えてしまう外的な要因としては次のような
ものがあります。

- 出生率の低下などの社会現象で、マーケットが縮小する
- パソコン、エレクトロニクスなどの分野にあるように、技術革新が激しい
- 取扱商品が季節品であり、消費者の購買活動が天候に左右される
- 政府の規制の変更により、商品の規格が変わる
- 取扱商品が成熟品で、競合他社が簡単に代替品を出してくる
- 消費者の購買意欲の変動が激しい

7-6 販売

　この業務の役割は、顧客からの注文を正確に処理し、顧客が満足する状況で商品を届け、代金を回収することです。

　この業務が成し遂げなければならないのは、顧客が注文した商品の出荷、顧客が要求する納品期日の厳守、タイムリーで漏れのない請求、代金の全額回収などです。

　販売の業務は、次の中区分に分類できます。

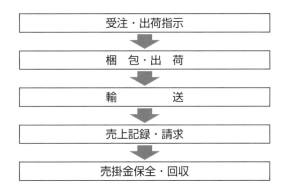

1）受注・出荷指示

　この業務の目的は、顧客から注文を受け、それを承認して、出荷担当部署へ向けて商品の出荷指示を出すことです。

① 業務内容

　この業務では、顧客から注文があったら、注文内容が販売契約や与信限度に合致していることを確認し、出荷指示書を作成し、出荷担当部署に送

184   第7章　会社の基幹業務に関係する内部統制

付して、出荷の指示をします。

　注文商品の在庫がなく、顧客が望む期日までに出荷できない場合は、顧客に配達可能日を伝え、顧客の了承を得るようにします。

②　業務執行の要点

　電話、ハガキ、ファックス、電子メールなど、いろいろな方法で注文を受け付けている場合は、「注文書の連番管理」を実施し、その注文を漏れなく出荷担当者へ伝えます。

　販売活動は代金を回収して終了します。貸倒れを発生させないように、信用取引を開始する前に取引相手の信用度を調査し与信限度を設定し、決済条件を定めます。その後においては、顧客から注文がある都度、顧客の売掛金残高を監視し、与信限度額を超過していないことをチェックします。

　与信限度額を超えた販売が行われていないかの監視は、販売担当者以外の者が、定期的に行ないます。

（受注から出荷指示まで）

顧客から　注文　→　受注処理　作成→　出荷指示書　→　倉庫へ伝達

③　不十分な内部統制の影響

　受注処理の業務に係る内部統制が不十分であると、次のような経営結果を招くことになります。

- 顧客の注文に対して、出荷指示を出すのを忘れる
- 顧客の注文と異なる内容の出荷指示を出したために、顧客の不満が募り、返品やキャンセルが発生する

7-6 販売 *185*

- 顧客が期待する日時までに商品が届かなかったために、顧客の不満が募る
- 売掛金が長期間にわたって滞留し、当方の資金繰りが逼迫する
- 貸倒損失が発生する

2) 梱包・出荷

　この業務の目的は、出荷指示に基づいて、該当する商品を保管場所から取り出して輸送に耐えるように梱包し、輸送手段（トラック、貨車など）へ引き渡すことです。

① 業務内容

　現代のように顧客の嗜好の変化が激しい時代においては、商品の陳腐化による損失を回避するために、商品在庫はできるだけ少なく保持するのが一般的です。

　できれば、顧客の希望に合うものを短いリードタイムで生産して、完成したら直ぐに出荷するのがベストです。

② 業務執行の要点

　商品を一旦倉庫に搬入・保管し、顧客の注文に応じて希望する商品を倉庫から出荷する場合は、出荷指図書の内容をよく確認し、商品品目、規格、形状、色などを取り違えないように注意します。

　梱包は、輸送中に物理的な損傷が起きないように商品の特質に合わせたものを採用します。梱包した商品は、納品書を添付してトラックの運転手などに引き渡します。そして、引渡しを証明する書類にトラックの運転手などから押印やサインを受け取ります。

　出荷情報は、顧客へ販売代金を請求するための原始情報です。出荷情報は出荷報告書に記録して、請求担当者に引き渡します。出荷報告書が紛失した場合に、すぐに発見できるように出荷報告書に連番を付けて管理します。

186　第7章　会社の基幹業務に関係する内部統制

③　不十分な内部統制の影響

梱包・出荷の業務に係る内部統制が不十分であると、次のような経営結果を招くことになります。

- 注文と異なる商品を納品し、顧客を失望させる
- 注文内容と異なる商品を出荷し、返品処理と謝罪に多額の費用を要し、利益率が低下する
- 破損した商品を届けて、顧客の信用を失い、取引継続が困難になる

3）輸　送

この業務の目的は、商品を完全な形で、低コストで期日までに顧客へ配達することです。

①　業務内容

輸送は地理的な空間を乗り越えて、物理的にものを移動させる行為です。商品の陳腐化と販売機会喪失のリスクを回避するために、今後ますます小口多頻度配送が盛んになると予想されますが、社会や自然環境に対する負荷をできるだけ少なくする努力を怠ってはならないでしょう。

②　業務執行の要点

輸送では、いかにして顧客の要望にあった輸送を行うかが課題です。顧客を満足させるリードタイム、配送単位、配送頻度、配送場所などを考慮して、配送拠点と配送先のネットワークを作る必要があります。

輸送の効率化をはかるために輸送部門を別会社にして、その会社が競合他社の物流をも手がけて積載率を上げ、あるいは帰りの実車率を上げている例があります。

さらに最近では、輸送だけでなく在庫管理や梱包、簡単な部品の取付けまでも外部の専門業者に委託するサード・パーティ・ロジステクスという形態も見られます。特に、小口の物品を不特定多数の顧客に届けるケース

では、外部の専門業者に委託する例が増えています。

輸送を外部の専門業者に委託する場合は、輸送のリードタイム、納品単位、納品頻度、納品場所、納品時間など、業務の委託内容を書面にして、トラブルを未然に防止するように心がけます。

③ 不十分な内部統制の影響

輸送の業務に係る内部統制が不十分であると、次のような経営結果を招くことになります。

- 売上高に占める輸送費の比率が高騰する
- 顧客へダメージを受けた商品を配送し、顧客の信用を失う
- 顧客が商品を必要とする日時までに納品できず、顧客を失望させる

4）売上記録・請求

この業務の目的は、顧客に商品を出荷したことを確認し、売上高を記録し、タイムリーに顧客へ請求書を発行することです。

① 業務内容

この業務では、すべての出荷記録を入手して売上と売掛金を記録し、請求書を漏れなく作成して、顧客へ送付します。

請求業務は顧客へ販売代金の内容を伝えるもので、代金回収を円滑に進めるために不可欠です。

② 業務執行の要点

出荷報告書の出荷情報に基づいて、売上や売掛金を記録します。

請求書の発行を漏れなく、正しく実施するために、請求書の発行は出荷担当者や顧客の営業担当者とは別の者が行います。

請求書の発行は、月末締めで毎月1回あるいは複数回発行などとする実務が一般的です。この場合は、まず出荷情報に基づいて売上と売掛金を記

録し、時期が来たら該当期間の出荷に係る請求書を発行します。

　請求書の様式はいろいろありますが、総額のみを記載するのはよくありません。取引ごとに、商品の出荷日と金額の明細が記載されたものを発行し、顧客が内容をチェックできるようにします。こうすることで、もし間違いがある場合は早期に発見することが可能になります。

　ある期間、例えば、1か月間の取引の明細書だけを送付するのもよくありません。必ず、請求書発行時点で未回収になっている取引全部の明細を送付し、未回収金の全額を相手に知らせます。

　請求書には、取引銀行名と口座番号を明記し、その口座に入金するように要求します。営業担当者が顧客を訪問した際に販売代金を受け取る手続は、回収した現金の横領の原因になるので、可能な限り止めるべきです。

③ **不十分な内部統制の影響**

　売上記録・請求の業務に係る内部統制が不十分であると、次のような経営結果を招くことになります。

- 未だ出荷していないのに、売上高を記録し、販売代金を請求してしまう
- 売上高の記録漏れ、販売代金の請求漏れが起きる
- 請求書の記載誤りが多くなり、顧客の信用を失う
- 未回収の売掛金が多くなり、自社の資金繰りが悪化する

（出荷情報の紛失による記録漏れ）

5）売掛金保全・回収

　この業務の目的は、売掛金を、期日までに全額回収することです。

① 業務内容

　販売活動は会社活動のメインですが、販売活動は代金を回収して終了します。販売代金を回収できなければ、販売活動は無に帰します。顧客から販売代金を全額回収する業務は、販売活動と同じ位に重要です。

② 業務執行の要点

　販売代金を全額回収する、逆から見れば貸倒れを発生させないコツは、貸倒れを起こしそうな相手とは信用取引をしないことです。

　そのために、これまでの業務でも取り上げたように、取引を開始する前に取引相手先の信用度を調査し、信用取引をしても将来問題がなさそうか、与信（掛売り）限度額をいくらにするか、決済条件や担保の設定をどうするか、などを取り決めなければなりません。また、注文がある都度、与信限度額を超過した売掛金がないことを確認する必要があります。

　売掛金の回収責任者は、定期的に、売掛金の年齢調べを行います。これは、**売掛金の残高を発生月ごとに分解**して、売掛金が何か月回収されずに残っているかを確認し、最初に設定した決済条件の期日を超過している売掛金の有無を調べるものです。

（売掛金年齢調べ表の例）

顧客名	合　計	1か月以内	1～2か月	2～3か月	3か月超
ダイバース商会	30,000	25,000	5,000		
にこにこ堂	8,000	4,000	2,000	1,000	1,000
・・・・・・・・	・・・	・・・	・・・		
・・・・・・・・	・・・	・・・	・・・		
合　計	200,000	166,000	32,000	1,000	1,000

190　第 7 章　会社の基幹業務に関係する内部統制

　決済の期日を経過しているにもかかわらず回収されていないものは、その理由を調査し、すぐに対応します。

　期日を経過しても回収されない理由としては、以下のようなものがあります。

- 納品した商品の一部に瑕疵があり、顧客が請求金額の全部の支払いを渋っている
- 数量不足があったので、顧客が全額の支払いを渋っている
- 当方の返品が未処理になっている
- 営業担当者が現金で回収していながら、会社に入金していない

　横領や使い込みを防止するために、回収は現金が人間の手を経由しない銀行振込を利用します。やむを得ず人間が現金を取り扱う場合は、万が一の事故に備えて、回収の記録が残り、回収した人とは別の人間が回収状況を追跡できる方法を設計し、導入します。

　先方からの入金が請求金額の全額でない場合は、入金の対象になった取引はどれかを確認して、未回収になっている取引を先方と常時確認するようにします。これにより、顧客との間で認識が異なる取引を発見し、その解決を図ることができます。

③　不十分な内部統制の影響

　代金回収の業務に係る内部統制が不十分であると、次のような経営結果を招くことになります。

- 売掛金が滞留し、自社の資金繰りに支障をきたす
- 貸倒れ損失のリスクが高まる
- 回収代金の横領が起こる
- 売掛金が膨らみ、資産の総額が増加する結果、資産利益率（ROA）が低下する

7-7　アフターセールス・サポート

　この業務の役割は、すべての場面で顧客に効果的で前向きなアドバイスとサポートを提供し、顧客との良好な関係を維持することです。
　この業務が成し遂げなければならない課題としては、商品保証条項の設定、迅速なアフター・サービス、顧客の立場に立脚した迅速なクレームや苦情の処理、などがあります。
　アフターセールス・サポート業務は、次の中区分の業務に分類できます。

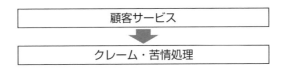

1）顧客サービス

　この業務の目的は、既存の顧客に対して約束した“販売後のサービス”を確実に提供し、さらには顧客になってよかったと思わせる精神的な満足を提供することです。

①　業務内容
　顧客が購入した商品に問題が起きたときは、顧客の要求に応じて補修部品を提供して顧客が自分で補修するのをサポートするか、あるいは顧客に対して高品質な補修サービスを提供します。

②　業務執行の要点
　補修サービスは、顧客に来店してもらって行うサービスと、出張して行

192　　第７章　会社の基幹業務に関係する内部統制

う補修サービスがあります。顧客から連絡があったら、前者の場合は補修
サービスを提供している店やサービスセンターの場所と営業時間を伝えま
す。後者の場合は、顧客の状況を確認し、必要な技術者を手配して、サー
ビスを提供します。

　部品や補修サービスを提供する場合は、故障の状況と商品保証の内容を
照らし合わせて、保証内容に応じて、部品代、技術料、出張料などを請求
します。

　故障は、その商品に内在する欠陥を示している場合があります。故障の
情報は商品の改良や次世代商品の開発に役立つかもしれないので、すぐに
商品開発担当部署へ連絡します。

　顧客が再び自社の商品を購入するか否かは、顧客が購入した商品やサー
ビスに満足しているかどうかにかかっています。顧客の多くは、商品その
ものよりも自分が接する人間の態度に敏感に反応するので、顧客と接する
機会が多い顧客サービスの業務は万全を期さなければなりません。

　顧客に定期的に電話し、商品の使用状況や稼動状況を確認し、状況に
あった使用方法を伝授し、顧客がよりよく商品を使えるようにアドバイス
することなども効果的です。

　さらに、定期的に「顧客満足度調査」や「要望調査」を実施し、顧客が
何を望んでいるかを把握し、次の商品開発や販売計画に反映します。

③　不十分な内部統制の影響

　顧客サービスの業務に係る内部統制が不十分であると、次のような経営
結果を招くことになります。

- 顧客の不満を解消できないために、当該顧客が再び顧客になる確率
  が低くなる
- 保証内容の確認を怠ったために、請求できるサービス料金の請求が
  できなくなる
- 故障の状況確認を誤り、補修に時間がかかり、補修コストがかさむ

7-7 アフターセールス・サポート **193**

- 故障を生産現場に即座に伝えられずに、潜在的な不良個所を抱えた商品を大量に生産し、後日に莫大な補修費を負担してしまう

2) クレーム・苦情処理

この業務の目的は、商品やサービスに満足しない顧客の不満を解消することです。

① 業務内容

顧客が商品やサービスに不満がある場合は二度と顧客になってくれないかもしれません。しかし、商品やサービスに不満を持った顧客でも、その不満の解消方法と内容に満足すれば、再び顧客になる確率が高いことが確認されています。

すなわち、会社の商品やサービスに対する顧客の不満を受け止めて、その不満を解消してやることが、会社に対して高い利益をもたらすのです。

② 業務執行の要点

新しい顧客を開拓するよりも既存の顧客を維持するほうがはるかに低いコストで済むことが明らかにされています。すなわち、顧客の不満を解消する活動は、顧客サービスを良くする活動と同程度に重要なのです。

顧客の不満はクレームや苦情となって現われます。クレームは顧客が満足できない状況を解消するために会社に対して何らかの対応を求めるものであり、苦情は対応を求めるのではなく顧客が満たされなかった感情を吐き出すものです。

したがって、クレームの場合は、単に顧客の話を聞くだけでなく、具体的な行動を起こして、顧客が直面している困難な状況を解決してやるように努めなければなりません。

顧客の不満を解消する活動には、次のようなものがあります。

194　第7章　会社の基幹業務に関係する内部統制

- 会社にクレーム・苦情処理の窓口を設ける
- クレーム・苦情の受付窓口の存在とクレーム・苦情の申立方法を、顧客に広く知らせる
- クレーム・苦情処理では、顧客に満足してもらえることを第1に考えて、行動する
- クレーム・苦情処理の手続、応対した人間の態度の妥当性について、申し出てきた人にアンケートして、クレーム・苦情処理の方法の改善に努める
- クレームの内容を商品の改良や開発、サービスの改善に結びつけるルートを確保する
- 従業員をカスタマー・ハラスメントから守るために、カスタマー・ハラスメントに対する自社の対象方針と手続を定める

③　不十分な内部統制の影響

　クレーム・苦情処理の業務に係る内部統制が不十分であると、次のような経営結果を招くことになります。

- 顧客が離れていく
- 顧客が離れないまでも、顧客の再購買率が低下する
- 悪い噂が広まり、潜在的な顧客獲得のチャンスを失う
- 顧客のハラスメントに苦悩した従業員が、辞めてしまう

第8章

会社の支援業務に関係する内部統制

生産会社のみならず、多くの会社の支援業務プロセスは、以下のような業務に大区分することができます。

① 情報システム：経営に必要な情報システムを維持すること

② 人的資源の確保：経営に必要な労働力を確保し、その有効利用を図ること

③ 資金の確保：経営に必要な資金を確保し、円滑な資金繰りを行うこと

④ 財務報告：社内外の関係者に適切な財務報告を行うこと

⑤ 研究開発：基礎研究と商品開発を行うこと

本章では、支援業務プロセスに属する上記の5つの大区分の業務を中区分に細分類し、それぞれの中区分の業務内容、業務執行の要点、不十分な内部統制が経営に与える影響を取り上げます。

（図表4－5では支援業務プロセスの1つとして全般管理を取り上げていますが、全般管理は総務や経営企画など、意思決定業務プロセスの支援に関係しています。意思決定業務プロセスについてはすでに第6章で取り上げたので、本章では全般管理を取り上げていません。）

8-1　情報システム

　この業務の役割は、経営戦略上の意思決定や業務運営に必要な情報を収集・加工し、必要なときに必要な人に必要な情報を提供できるように、情報システムを開発し維持することです。

　情報システムはコンピュータや通信設備を初めとした情報機器と人間の力で構築されますが、情報技術の革新が進み、情報機器が情報システムの大部分を占めるようになっています。本項でも情報機器を中心に取り上げます。

　情報システムの業務は、次の中区分の業務に分類できます。

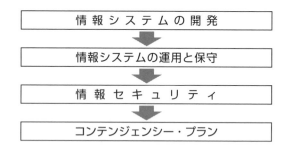

1）情報システムの開発

　この業務の目的は、業務上必要とする情報システムを開発することです。

①　業務内容

　情報システムは、資産としての情報の機密性、完全性、可用性（利用可能性）を守るものでなければなりません。

情報の**機密性**は許された者だけが情報にアクセスすることができ、部外者、権限外の者はアクセスできないようにすること、**完全性**は情報に誤りが無く不足が無いこと、**可用性**は権限のある者が必要なときに必要とするデータにアクセスし、必要とする情報を利用できること、です。

② **業務執行の要点**

情報システムの開発にあたっては、まず、会社の経営目標を達成するために、誰がどのような情報を必要としているのかを分析し、利用者の要求を満たすためにどのようなシステムを開発するかを決める、すなわち**ユーザーの要求定義**をします。

次に要求定義に基づいてシステムの設計を行います。設計は外部設計、内部設計、プログラミング設計に分かれます。

外部設計ではユーザーとのインターフェースである画面や出力帳票などの入出力、データの内容、コード体系などを設計し、それらをサブシステムにまとめます。

内部設計では、外部設計で決定した機能を果たすようにサブシステムの1つひとつの機能をプログラム単位に分割し、フローチャートを作成して各プログラム間のデータの流れを確認します。

プログラム設計では内部設計で分割された各プログラムをモジュール単位に分割します。モジュールが確定したら、それをソフトウェアとして具体化するのがプログラミングです。

プログラムが完成したら**テスト**を実施します。テストはモジュールのバグを発見する**単体テスト**、モジュール間のデータの受渡しや制御が正しく行われることを確認する**結合テスト**、ユーザーの求める性能、機能操作性が達成できているかを確認する**システムテスト**、の順に行います。

テストはプログラムのコーディングを行った人とは別の人間が行います。もしエラーが発見されたら、コーディングをした人が修正を行います。システムテストで期待する性能を達成していることを確認したら、正

式導入までの間に利用者の訓練などを行います。

（情報システムの開発）

③ 不十分な内部統制の影響

　情報システム開発の業務に係る内部統制が不十分であると、次のような経営結果を招くことになります。
- 情報システムが意思決定に役立つ情報を提供しない
- 情報システムの性能が低いために端末の応答に時間がかかりすぎて、作業効率が悪い
- 正確で整合性のある情報をタイムリーに提供することができない
- アプリケーションへの不正アクセスを助長する
- 適切な者がアクセスを拒否され、情報システムを利用できなくなる
- プログラム変更時にトラブルが頻発する
- 情報システムの開発、運用、保守に関わる費用が膨大になる
- 災害や事故によるシステム障害の復旧に時間がかかる

2）情報システムの運用と保守

この業務の目的は、情報システムの運用に伴うユーザーのニーズを完全に、かつ継続的に満たすことです。

① 業務内容

この業務では、情報システムの適正な管理や保守を行い、情報システムの効果と効率を最大にすることに努めます。

② 業務執行の要点

情報システムの運用と保守の基本は、システムが正常に作動していることを監視し、障害やニーズの変更に迅速に対応することです。

運用にあたっては、システムが安定的に稼動するようにハードウェアの**利用状況を定期的に監視**し、効率的に利用されているか、一部に負荷がかかり過ぎていないかなどに注意を払います。

運用では運用コストの管理も大切です。運用コストには、情報機器や設備及びソフトウェア購入などの初期コストと、システムを運用していく上で必要になる機器やソフトウェアの使用料、人件費、通信費、外部への業務委託料などのランニング費用があります。

保守には、システム上の**トラブル修復**とシステムの**機能変更**があります。トラブルはシステムの導入初期やシステムが古くなってから多発します。トラブルは突発的に発生するので、人員確保など、それに備えた体制を確立することが重要になります。

システムの導入初期を過ぎるとシステムは比較的安定してトラブルも少なくなる一方、ある程度の時間が経過するとシステムに対するユーザーの新しい要望が出てきて、この要望に対するシステムの機能変更の保守作業が発生してきます。

システムの機能変更は、システムの機能変更の方針とプロセス及び手続

200 第8章 会社の支援業務に関係する内部統制

を明確に定め、それにそって実施します。システムの変更直後は、システムの導入当初と同じようにトラブルの発生が予想されるので、データのバックアップを取っておくとか、古いシステムと並行的に運用するなどの対策をとります。

③ 不十分な内部統制の影響

情報システムの運用・保守の業務に係る内部統制が不十分であると、次のような経営結果を招くことになります。

- 情報システムのコストが膨大になる
- 情報システムに対する重複投資が発生する
- 完全で整合性のある情報をタイムリーに提供できない
- 情報システムのパフォーマンスが悪化する
- 経営環境の変化にマッチした情報の提供ができない
- トラブルの復旧に多大な時間を要する

3) 情報セキュリティ

この業務の目的は、情報と情報システムを守り、情報システムの機密性、完全性、可用性を維持することです。

① 業務内容

会社が守らなければならない情報は、電子データとしての情報に限らず、紙に書かれたもの、フィルムに印刷されたもの、従業員の会話も含まれますが、ここでは、電子データとしての情報と情報システム機器を中心に取り上げます。

② 業務執行の要点

そもそも会社の情報システムは、経営を効率よく、効果的に、正確に行うためのものです。情報セキュリティを考える場合も「どの情報を、どの

程度、どのようにして、どのくらいの金をかけて守るのか」という、**セキュリティの方針**（セキュリティ・ポリシー）を、最初に立てます。

前述したように、情報は機密性、完全性、可用性の要件を備えなければならないので、セキュリティ・ポリシーもこれを満たすように立案します。

次に、セキュリティ・ポリシーに基づいて、資産としての情報（電子情報に限らず、紙にプリントされたものなど、すべての情報）としてどのようなものがあるかを把握して、その価値の大小を測定して、その情報システムに対する**脅威**（危害を及ぼす原因）と、システムの**脆弱性**（弱さ）を検討して、その情報システムをどのように維持していくかを決定します。

会社の情報システムはインターネットを通じて、グループ会社あるいはグループ外の会社や個人とネットワークを形成しています。ネットワーク下のセキュリティを考える場合には、情報のオープン化とパーソナル化の両面から検討する必要があります。

オープン化対策はなんといっても不正なアクセスに対する対策です。不正なアクセスは、会社外部からのものと内部からのものがあります。

また、**パーソナル・コンピュータ（PC）**はそれ自体がコンピュータであり、それで業務処理が行われるだけでなく、それが会社の情報ネットワークへの入り口になり、経営情報の保存装置にもなるものです。

PC をすべての従業員に配布する会社が増えてきていますが、これは特別な知識と訓練を受けた人間だけでなく、従業員のすべてが会社の情報ネットワークに参加できる環境に置かれていることを意味しています。

したがって、情報セキュリティには従業員のトレーニング、物理的な保護策、システムのオープン化対策、アクセス制御、コンテンジェンシー・プラン（次項で取り上げる）の作成も必要になります。

③　不十分な内部統制の影響

情報セキュリティの業務に係る内部統制が不十分であると、次のような

202　第8章　会社の支援業務に関係する内部統制

経営結果を招くことになります。

- 顧客情報などの機密情報が社外へ漏えいする
- 機密情報が改ざん、もしくは消去される
- 他の情報システムへの踏み台にされる
- パソコンに内蔵された機密情報が、パソコンとともに盗まれる
- 権限外の者が本人に成りすまして取引を行う
- 集中的なアクセス攻撃を受け、情報システムがサービスを提供できなくなる
- 適切な者がアクセスを拒否され、情報システムを利用できなくなる

（付属解説 10 −不正アクセスの目的）

電子データへの不正アクセスは、次のような目的で行われます。
- 企業機密に属するデータを盗み見る
- データを破壊、あるいは改ざんする
- コンピュータウィルスをばら撒いてデータを破壊する
- 同時に多量のメールを送り、一時的にコンピュータを機能停止に追い込む
- 他人に成りすまして取引を行う
- 最終目的の情報システムを攻撃するための踏み台にする

4）コンテンジェンシー・プラン

この業務の目的は、通常の運用の範囲を超える有事や災害の際の対応計画を策定し、実施することです。

① 業務内容

情報システムが通常の業務では発生しない**有事**に直面した場合の対応策

をまとめたのがコンテンジェンシー・プランです。

有事にはコンピュータウィルスによる感染、インターネット経由での集中的ネットワーク攻撃、火災、爆発、水害や地震などの自然災害があります。

② 業務執行の要点

コンテンジェンシー・プランは、未知の状況に直面しても混乱を起こさず迅速に対応できるように、情報システムに障害が起きた場合の基本対応方針、障害の際の連絡・報告手順、システムが復旧するまでの代替作業手順、どの業務をどの順番で復旧させるかの優先順位付け、従業員に対するこれらの周知徹底、定期的な訓練、保険の加入などを網羅します。

コンテンジェンシー・プランは、システムを復旧するための**復旧計画**と会社の事業を継続するための**業務継続計画**で構成します。

情報システムに有事の障害が発生した場合、復旧計画に従って復旧をします。しかし、情報システムの復旧にはそれなりの時間がかかるので、各業務において必要最低限の業務を再開するために必要なことを業務継続計画で定めます。

有事を未然に防止するために情報システムを物理的に隔離し権限外の人が近寄れないようにする、あるいは有事に備えて情報システムのバックアップ機能を持った施設を他の場所に確保する、データのバックアップを取る、バックアップ・データを定期的に更新し復旧に要する時間を最短にする、等の対策も必要になります。

これらの対策には多額の投資が必要であるので、情報システムがストップすることによる損失あるいは機会利益の減失と投資コストを比較し、合理的なレベルの対策を講じなければなりません。

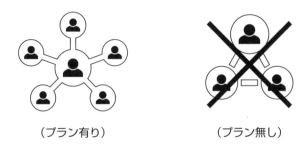

（コンテンジェンシー・プランで、ネットワークの崩壊に備える）

（プラン有り）　　　　　　（プラン無し）

③ 不十分な内部統制の影響

　コンテンジェンシー・プランの業務に係る内部統制が不充分であると、次のような経営結果を招くことになります。
- 有事発生時に、効率的かつ効果的に対応策が実行できない
- 長期に渡る事業の中断が発生し、多大な金銭的損害を受ける
- 会社の重要な情報資源が滅失する、あるいは流出する
- 危機管理ができていない会社という評判が立ち、会社のイメージが低下する

8-2 人的資源の確保

　この業務の役割は、会社の労働力である従業員を社外から採用し、その従業員を仕事に配置し、従業員の労働成果を評価し、それに応じて報酬（給与、賃金）を支給し、従業員の労働環境を良好に保ち、ポストに応じた能力をもつ従業員を昇進・異動させ、経営戦略の変更に対応して従業員の能力を再開発し、人材の有効利用を図ることです。

　人的資源の確保の業務は、次の中区分の業務に分類できます。

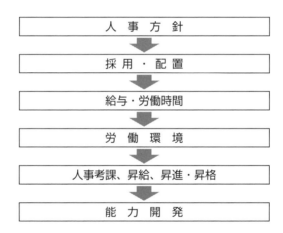

1) 人事方針

　この業務の目的は、従業員の処遇に関する方針を決定することです。

① 業務内容

　この業務では、経営目標の達成に必要な人材の資質、従業員の配置転

換、そのための能力開発、従業員のモチベーションを高める手段、優秀な人材の確保のための方策、などを決定します。

② 業務執行の要点

会社は、「どの顧客層にどの商品を販売するか」という経営戦略を実行するために必要な仕事の量と質を決め、それに必要な労働力を確保します。

社内に労働力に余裕がある部署があれば、当該部署の従業員の能力を再開発して、労働力が不足している部署へ異動させます。あるいは、仕事の質に合った作業能力をもっている従業員を昇進、異動させて、しかるべきポストに配置します。

社内で能力開発している時間を省略するために、その能力をもっている人を社外から採用することも、日常的に行われるようになっています。

最近では、日本企業でも年功序列と終身雇用の制度が崩壊し、多様なライフスタイルをもつ従業員が増え、異なる経歴をもつ人が一緒の職場で働くことも多くなっています。このような状況において目標どおりに経営目標を達成するには、これまでの人と人のつながりを重視し、個人の能力に依存した仕事のやり方を脱却して、業務手続と職務範囲を明確にした人事政策を導入する必要性が高まっています。

③ 不十分な内部統制の影響

人事方針の業務に係る内部統制が不十分であると、以下のような経営結果を招くことになります。

- 経営目標の達成に必要な能力をもった従業員の確保が難しくなる
- 従業員がやりたいことと会社の期待にギャップが生じ、従業員の勤労意欲が高まらず、労働生産性が上がらない
- 業績向上に貢献した従業員の処遇がおろそかになり、優秀な従業員をキープするのが困難になる

8-2 人的資源の確保 *207*

- 従業員が新しいものにチャレンジしようとする動機付けが、働かない

2）採用・配置

　この業務の目的は、会社の労働需要を満たすために、社外から人材を採用することです。

① 業務内容

　この業務では、社内のどの部署がどのレベルの人材を必要としているか（労働需要）を把握し、採用人数と採用条件（能力）を決め、新卒者、転職者を問わずに、募集方法と募集対象者を決めます。

　また、外部の職業紹介媒体（新聞、雑誌、紹介業者など）を経て応募してきた候補者の選抜を行い、条件に合致した人と雇用契約を結びます。

② 業務執行の要点

　日本では職業経験はないが潜在能力の高い新規学卒者を定期的に採用することを基本方針とし、仕事をこなす能力は、入社後に社員研修やオン・ザ・ジョブト・レーニングで習得させていました。

　しかし最近では、業種別に新卒採用を行うケースが多くなり、社内研修の時間を節約するために新規卒業者にも専門能力を期待するようになっています。

　採用人数を適切に決定するには、会社全体の労働力の需給バランスの把握が欠かせません。ある部署では労働力が不足しているが、ある部署では余っている場合は、まず、余っている労働者の能力再開発と不足している部署への異動の可能性を検討します。

　技術変化、経営環境の変化が激しい現代においては、新規卒業者のオン・ザ・ジョブ・トレーニングや、社内の余剰労働者の能力再開発に割ける時間も限られていることから、新規事業や新しいマーケットの開拓に必

要な能力を持っている人を外部から採用する、いわゆる中途採用が増えています。

職務の経験がある人の中途採用には、採用後のポスト、仕事の内容、待遇、報酬など、個別に決定しなければならない事項が多くあります。これらは、中途採用に応じる本人の希望と、会社がアクセスできる労働マーケットの状況に応じて決めることになります。

募集、選抜、雇用契約の締結などでは、いろいろな法律に準拠しなければなりません。まず、採用対象者に関わる法律として、男女雇用機会均等法、身体障害者雇用促進法、出入国管理及び難民認定法などがあります。雇用に関わる法律として労働基準法があります。

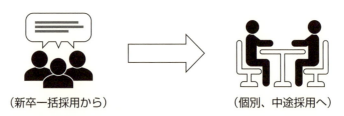
（新卒一括採用から、中途採用への移行）
（新卒一括採用から）　　（個別、中途採用へ）

③ 不十分な内部統制の影響

採用・配置の業務に係る内部統制が不十分であると、次のような経営結果を招くことになります。

- 本来必要とする知識と経験をもっている人材と異なる人を採用してしまう
- コストをかけて採用した人材が職場に適合せずに、早期に退職してしまう
- 労働マーケットに合致した採用条件を提示できないために、必要な人材を確保できない
- 人的資源が不足し、経営目標の達成が不可能になる

- 遵守すべき法令等に違反し、会社の評判を落としてしまう

3) 労働時間・給与

　この業務の目的は、労働時間の長さと制度を決め、支払うべき給与を決定することです。

①　業務内容

　この業務では、労働基準法に従って労働時間と勤務時間帯を決め、その遵守を監視します。

　給与は会社が生み出す付加価値に合わせて給与総額を決めて、次に、付加価値創造に対する貢献度に応じて各従業員の個別賃金を決めます。

②　業務執行の要点

　労働時間については、労働基準法で、1日8時間、1週間40時間を原則としています。1か月、あるいは1年単位の時間を定める変形労働時間制度を採用することもできます。

　これを越えて労働（時間外労働）させる場合は労使が協定（いわゆる三六協定）を締結して労働基準監督所に届けなければなりません。時間外労働は原則として年360時間（月45時間）と定められています。

　通常、会社ごとに始業時間と終業時間を定めますが、労働者の多様なライフスタイルに応えるために1日の労働時間を選択できる制度や、フレックスタイムやみなし労働時間制度、裁量労働制度を導入している会社もあります。

　個々の従業員の給与は、会社の付加価値形成にどのように貢献したかを測定して決定しますが、その人間の労働を市場がどのように評価しているかによっても影響を受けます。労働市場の評価よりも低い給与しか提示できなければ、その人間を会社内にキープしておくことが困難になります。

　従業員の勤労に係るコストは給与だけではありません。給与以外にも退

職一時金や退職年金掛金の支払い、社会保険料、医療施設や福利厚生施設の維持などの負担が会社に発生します。

最近では、多様な従業員のニーズにあったサービスを提供できない、維持コストが高すぎるなどの理由で、福利厚生施設を外部に売却し、代りに福利厚生のアウトソーシング・サービスを利用する会社もあります。

③ 不十分な内部統制の影響

労働時間・給与の業務に係る内部統制が不充分であると、次のような経営結果を招くことになります。

- 違法な残業が発生し、あるいは有給休暇の消化率が低くなる
- 労働時間が長いために従業員の不満が高まり、離職者が増える
- 勤務時間が硬直的だと、ライフスタイルに合わない従業員の不満が溜まる
- 給与額が付加価値創造に対する貢献度に見合っていないという不満が出る
- 勤労に対する従業員のモチベーションが低下する
- 賃金総額が付加価値創造額の一定割合を超え、経営を圧迫する

4) 労働環境

この業務の目的は、労働時間と給与以外の労働環境を労働者に好ましい状態に維持し、労働者に身体的にも精神的にも健康で安全な職場を提供することです。

① 業務内容

労働環境の整備は、労働者に身体的にも精神的にも健康で安全な職場を提供するほかに、優秀な労働者を採用し確保するためにも必要です。

労働関係法規に準拠して労働環境を整備することはもとより、法規の定めを超えて、より良い労働環境を整備するように努めます。

② 業務執行の要点

　労働環境の整備には、物理的な環境（採光、照明、換気、粉塵、空調など）の整備に加え、防災・防犯及び緊急事態に対する備えを整備して労働者の安全、衛生、健康を維持することが含まれます。

　この他に、**プライバシーの保護、人権の尊重、差別行為の禁止、セクシャルハラスメントやパワーハラスメントの防止**、職場の風紀の維持などの**環境を整備**することも含まれます。

　従業員が働く職場は、従業員が疾病や精神的障害を起こさないように衛生と健康に配慮して整備します。また、従業員の生命や身体に被害が発生しないように、あるいは会社の設備に被害が発生しないように、工場などの施設の中で危険性が高い業務を把握し、災害を防止するための対策を立てます。万が一災害が発生した場合に備えて、緊急事態の手続を定め、定期的に災害避難訓練を実施することも必要です。

　従業員のプライバシーに関する情報は厳重に管理します。プライバシーに関する情報が漏えいしたり、人事管理などの目的以外に使用されたりすると、会社の評判が悪化するばかりか、従業員の差別や人権侵害につながるおそれもあるので、注意が必要です。

　セクシャルハラスメントは、従業員の人権や勤労する権利を侵害する不法行為として、言動を働いた本人と使用者である会社が損害賠償責任を負うことがあります。すべての従業員がセクシャルハラスメントの内容を理解して、その防止に努め、皆が働きやすい職場を作る必要があります。

　一般的な言動や高圧的な言動で職場環境を悪化させるものとして、嫌がらせやいじめなどのパワーハラスメントがあります。嫌がらせやいじめは職場の環境を悪くして、労働生産性を低下させる原因になります。そこで、「職場でやってはいけないこと」「遵守しなければならないこと」のルールを明確にして、嫌がらせやいじめの源泉を排除します。

　職場及び職業に対する従業員の不満を放っておくと、従業員が職場を見限り退職することになりかねません。従業員に定期的に面接して従業員の

職場及び職業に対する意見を聴取し、あるいは定期的に従業員の満足度調査を行い、問題点の把握とその解決をはかって、より働きやすい環境を作ることが大切です。

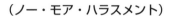
（ノー・モア・ハラスメント）

③ 不十分な内部統制の影響

労働環境の業務に係る内部統制が不十分であると、以下のような経営結果を招くことになります。

- 労働災害が増える
- 労働災害による賠償金が経営を圧迫する
- 労働災害で会社の評判が落ちる
- 採用に不利になる
- 労働者の離職率が高くなる
- 会社が従業員に訴えられる

5）人事考課、昇給、昇進・昇格

この業務の目的は、従業員の仕事振りを吟味し、会社の目標達成に対す

る貢献度を評価し、この結果を昇給や昇進・昇格に反映させることです。

① 業務内容

この業務では、貢献度の評価理念と評価基準の設定、評価基準の従業員への周知、評価者の訓練、評価の定期的な実施、評価結果の取りまとめ、評価結果の昇給や昇進・昇格への反映、などを行います。

② 業務執行の要点

人事考課の結果は昇給や昇進に反映されるので、人事考課の基準は従業員が納得できるように、客観的で、公平でなければなりません。人事考課の基準は従業員に公開し、考課結果は従業員に説明できる透明性を持ったものでなければなりません。

通常は、「上司」が人事考課基準を適用して従業員を評価しますが、上司に評価を行う能力が不足していると公正な評価は期待できなくなります。そこで、人事考課基準を作ったら、あるいは人事考課の時期が近づいたら、評価を担当する人を集めて「考課者研修」を行います。

人事考課は、従業員の業績や能力を評価して昇進や昇給に反映させるという側面と、従業員が認識していない欠点を指摘して改善させる、あるいは良い点をより伸ばすという、教育・指導の側面があります。従業員の労働に対するモチベーションを高め、従業員が自己啓発に邁進するように人事考課を利用することができるように、考課者研修では後者の教育・指導の面を周知・徹底します。

最近では目標管理制度を導入する企業が増えています。目標を立てるときは、個々の従業員が果たした貢献度を測定できるように数値等を指標にするべきです。数値化できない場合でも、その目標達成度を示すのに最も近い指標を選択してその達成度を測定できるようにします。

目標管理制度を導入する場合は、従業員が希望する職場を選択できることも大切です。定期的に、あるいは随時に、職場の異動希望を従業員から

214　第8章　会社の支援業務に関係する内部統制

聴取し、従業員を希望する職場に配置することで、従業員の目標達成に対する自覚を促し、目標の達成度を高めることができるようになります。

③　不十分な内部統制の影響

　人事考課、昇進・昇格の業務に係る内部統制が不十分であると、次のような経営結果を招くことになります。

- 達成目標と評価基準が一致していない、あるいは業績の達成度と昇給・昇進の基準とが結びついていないので、目標達成に向けて従業員の活力を十分に引き出せない
- 評価者の訓練が不十分で評価の技量にばらつきがあるために、評価結果が不平等になる
- 従業員が納得しない評価基準を作成して、従業員のやる気をそいでしまう
- 昇進・昇格できないことに嫌気をさして、能力のある人が会社を辞めてしまう
- ポストに適した能力をもっていない人の下で働く従業員のモチベーションが上がらない

6）能力開発

　この業務の目的は、会社が必要としている能力をもった従業員を育成するために、教育訓練制度を作り、それを運用して教育訓練を行うことです。

①　業務内容

　教育訓練制度は、何の為に教育訓練を行うのかという教育訓練の目的を明らかにし、教育訓練の対象者、教育訓練の内容、教育訓練の方式、教育訓練のインストラクター、教育訓練プログラムのスケジュール、などを網羅するように決定します。

② 業務執行の要点

　教育訓練の目的には、新卒者が会社の組織で活動するために必要な訓練、従業員のスキルアップのための訓練、管理職へ昇格するための訓練、会社の経営戦略の変更に伴う従業員の能力再開発のための訓練、などがあります。

　教育訓練対象者は組織のレベルごと、あるいは業務分野ごと、などに決定するのが一般的です。教育訓練の内容は、業務知識、スキル、対人関係や課題解決力の強化、などについて定めます。

　教育訓練の方式にはOJT方式のほかに、講義形式、オンライン方式、参加者のロールプレイ方式、などがあります。

（教育訓練の方式）

　　OJT方式　　　　　講義形式　　　　オンライン方式

　インストラクターは、社内の人間が勤める場合もあれば、社外の専門家を招聘する場合もあります。あるいは教育訓練対象者を社外の研修に参加させる場合もあります。

　教育訓練では、できるだけ多数の従業員に参加してもらえるように、従業員が参加しやすい時期を選定して日程を組みます。

　教育訓練の効果はインストラクターの資質や方法によっても影響を受けます。プログラムが終了したら、参加者からプログラムの内容、インストラクターや研修方法に関する意見や感想を入手して、次回のプログラム内容の検討やインストラクターの選定などに役立てます。

216　第8章　会社の支援業務に関係する内部統制

③ 不十分な内部統制の影響

　能力開発の業務に係る内部統制が不十分であると、以下のような経営結果を招くことになります。

- 必要な能力を持った従業員の確保が難しくなる
- 在籍する従業員の能力と会社が必要とする能力にミスマッチが発生し、会社の労働生産性が低下する
- 自身のキャリアアップに熱心な従業員を長期にわたって確保することが困難になる
- 管理職のリーダーシップが脆弱で、部下が新しいものにチャレンジしようとする動機づけが働かない
- 管理職に、適時に判断を下し、適切な指示を出す能力が欠けているために、従業員が不効率なやり方で仕事をしている、あるには本来やらなければならない仕事に取り掛かれていない

8-3　資金の確保

　この業務の役割は、設備投資と業務運営に必要な資金を調達し、会社の経営戦略の遂行を資金面から支えることです。

　資金確保の業務は次の中区分の業務に分類できます。

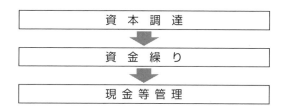

　本項では、不動産や債権、株式への投資は無く、資金はすべて設備投資にまわされる事を前提にしています。

1）資本調達

　この業務の目的は、設備投資に必要な**設備資金**と業務運営に必要な**運転資金**を調達することです。

①　業務内容

　この業務では、生産設備の取得を可能にする資金を長期的にどのような形で維持するか（資本構成）を決定し、金融市場の状況や設備投資から得られる期待収益の大きさ等に基づいて資金の調達方法を決定し、銀行（借入れ）や証券会社（社債や株式の発行）との交渉を行います。

②　業務執行の要点

　資本構成は、どのような方法で長期的な資金調達を行うかという問題で

218　第8章　会社の支援業務に関係する内部統制

す。会社が利用できる資本の形態には、資本金（払込剰余金を含む）、内部留保、借入金、社債などがあり、資本金と内部留保は自己資本、その他は負債（又は他人資本）と呼ばれています。

　自己資本と負債の合計に占める自己資本の割合を自己資本比率といい、自己資本比率が高いほど「財務内容が良い」と言われます。その理由としては、自己資本は、利息の支払いが必要ないので利益を圧迫しない、返済の必要がないので不況時における抵抗力が強い、などがあります。

　これを根拠として、「新しく株式を発行（増資）して得た資金を負債の返済に回し、利息の支払額を減らす」という資本政策があります。しかし新しい株式の発行は株式1株当たりの企業価値が下がることを意味するので、株主から見た企業価値という点からすると望ましい結果をもたらさないというデメリットがあります。

　また、自己資本は利息の支払いがない一方、株主に配当の支払いをしなければなりません。法人税法の規定で、1円の配当を支払うには、1円の利息を支払う場合に比べて、約1.4倍の利益を挙げなければならないので、将来的な負担が大きくなるデメリットもあります。

　資本構成の決定に基づいて、増資、社債の発行、借入などを行うのが資金の調達です。どのタイプの資金を調達するかは、得た資金を投資に回して獲得できるリターンと資金のコスト（調達額に対する支払利息や支払配当の割合）及び、資金の使途と利用期間が大きな決定要因になりますが、金融市場の環境によっても左右されます。

③　不十分な内部統制の影響

　資本調達の業務に係る内部統制が不十分であると、以下のような経営結果を招くことになります。

- 資金のコストが高くなる
- 発行株式が多いために、経営実態に比較して株価が低く推移する
- 社債発行にあたり付帯した資本維持条項がネックになり、配当政策

の自由度が制限される

2) 資金繰り

この業務の目的は、設備資金と運転資金の資金繰りを計画・管理し、資金が不足して外部に対する支払いが不能にならないようにすることです。

① 業務内容

この業務では、将来の一定期間の収入と支出の計画を立て、計画と実績を比較し、計画未達の原因を調査し、計画達成の方策を立案・実行します。

② 業務執行の要点

資金繰りの計画は、1か月、半年、1年単位、あるいは3年、5年、などの単位で作成します。

1か月単位などの短い期間での資金繰りの計画では、支払資金が不足しないように、資金の入金と出金を日単位で精査して、資金繰りの日程計画を立てます。

他方、3年、5年単位での長期の資金繰りの計画では、大規模な設備投資の実施やその資金の調達、社債の発行や償還など、大きな資金の流れを管理します。

信用取引が発達した現代では、物品の仕入や販売とお金の支払い及び回収のタイミングがずれるのが普通です。物の販売の時期から代金回収までの期間は売掛金の回転期間、与信期間などと呼ばれていますが、これが短いほどお金の入金が早まり、手持ちの資金が増えることになります。

他方、物品の仕入から支払いまでの期間は買掛金の回転期間、支払猶予期間などと呼ばれていますが、これが短いほどお金の支払いが早くなり、手持資金が減っていくことになります。

したがって、売掛金の回転期間は短いほど、買掛金の回転期間は長いほ

ど、資金繰りに余裕ができることになります。

（資金繰りに余裕ができる売掛金と買掛金の回転期間の比較）

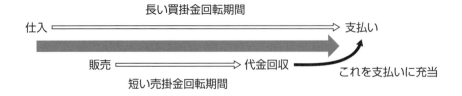

　物品の購入と販売から入金、出金までの期間を考慮に入れて、資金繰りの計画を立てることが重要です。特に入金は、相手の支払いがあって初めてお金が手に入るので、すべての顧客から決済条件に従って予定どおりに入金されていることを継続的に監視する必要があります。

　資金繰りの計画は、資金繰り表にまとめます。資金繰り表は、日常の業務から生じる収入が支出を上回っているか否かを確認できるものでなければなりません。また、設備投資や借入金の返済に必要な資金とその調達は、日常の業務から生じる収入・支出と区分して表示します。

　資金繰りでは、日常の営業活動から生じる収入・支出の差額、すなわち現金の増加額で、設備投資や借入金の返済に必要な資金を賄えるのが理想的です。

③　不十分な内部統制の影響

　資金繰りの業務に係る内部統制が不十分であると、以下のような経営結果を招くことになります。

- 売掛金の回収が遅れ、資金不足が発生する
- 物品の購入代金の支払いのための資金が不足する
- 債務の返済のための資金が不足する
- 支払手形の決済資金が不足する

- 逼迫した資金不足を解消するために、利率の高い資金の調達を迫られる
- ある子会社では現金が余っているのに他の子会社では資金不足で借入を行い、グループ全体で見ると不必要な借入をして、余分な利息の支払いを発生させる

3）現金等管理

この業務の目的は、現金と預金、それに準ずる小切手、手形を安全に保管し、小切手と手形の受取り及び支払いの期日管理を行うことです。

①　業務内容

この業務では、実際の取引に基づいて現金や預金の受取りや支払い、及び小切手や手形の受取りと発行を行います。

②　業務執行の要点

会社の目的は、儲けること、すなわち現金を増やすことです。したがって会社の活動は、現金に始まり現金に終わります。信用取引が発達した現代においてもこれは変わりません。

同時に、現金や預金は経済活動の基本的な資産であり、流動性が最も高い資産であるため、着服や横領などの不正が発生する確率が非常に高いという、特徴があります。

着服や横領を予防し、もし発生した場合は早期発見を可能にするために、現金の取扱いに関する業務分担と相互監視の仕組みが必要です。具体的な取り組みには以下のものがありますが、小規模な会社で、このすべてを満たすことができない場合は、自社の規模と業態に合うものを選択して導入します。

- 収納者と支払者とを分離する
- 現金の取引記録者と収納者及び支払者とを分離する
- 収納、支払い、記録の担当者とは別の者が定期的に現金の実際残高と帳簿残高の照合を行う
- 支払実施者と支払承認者とを分離する
- 収納には必ず領収書を発行する
- 収納者と領収書の発行者とを分離する
- 収納や支払いは、できるだけ銀行取引を利用する

　小切手は預金の支払いに使用されます。小切手は現金と同じように金庫に保管し、小切手の作成と署名捺印は別の者が担当し、1人の人間の意思で自由に発行されるのを防止する仕組みを作ります。

　小切手の作成者は預金の取引記録を担当しないようにし、小切手の作成者とは別のものが銀行口座の預金残高と帳簿上の預金残高を、定期的に照合します。

　支払手段である手形の管理も小切手に準じて行います。手形は、支払いを約束する証書なので、発行後においては決済期日の管理をしっかりと行い、手形の決済に必要な資金が不足しないように管理します。

　受け取った手形は入金の期日ごとに記録し、現金と同じように金庫に保管して期日管理をします。

③　不十分な内部統制の影響

　現金等管理の業務に係る内部統制が不十分であると、以下のような経営結果を招くことになります。
- 現金や預金の着服が起こる
- 現金や預金が役員や従業員の私的な経費の支払いに充てられる
- 一度の購買取引に対して二重に支払う
- 購買取引に基づかない手形が発行される
- 顧客から受け取った小切手もしくは手形を紛失する

8-4 財務報告

　この業務の役割は、経営者に財務情報を提供し、外部公表用の財務諸表を作成し、税務申告書を提出することです。
　財務報告の業務は、次の中区分の業務に分類できます。

1）財務諸表の作成

　この業務の目的は、適正な財務諸表を作成し、公表することです。

① 業務内容

　この業務では、各業務の取引の結果を総勘定元帳に記録し、これに基づいて財務諸表を作成します。連結対象の子会社等がある場合は、親・子会社の総勘定元帳の数値を合算して、グループ全体の連結財務諸表を作成します。
　ICTが発達した現在では、このほとんどの作業はコンピュータで行われます。すなわち、多くの会社では、商品の販売や原材料の購買、給与の支払い、諸経費の支払いを行う都度、その業務の担当者がそれらの取引を業務情報処理システムへインプットします。その中の財務に関する情報が、自動的に財務会計システムへ転送され、財務諸表の作成に必要な情報を処理します。
　したがって、財務諸表の作成主管部署では、他の業務の担当者がイン

プットしない資金の調達や運用の情報、見積りや予測に基づいた財務情報をインプットするのが主な作業になります。

この様子を示したのが、**図表8－1**です。

図表8－1：会計情報の流れ

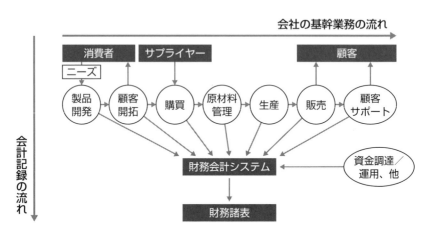

② 業務執行の要点

　財務諸表を正しく作成するには会社の活動を漏れなく貨幣価値で測定し、一定の方式で総勘定元帳に記録しなければなりません。その記録に用いられるのが複式簿記です。総勘定元帳に正しく記録するために、各会社は、自社の経営規模、取引の複雑さ、公開しなければならない情報などに応じて勘定体系と会計方針を定めます。

　勘定体系と会計方針が会社の規模や取引内容などに比較して不十分だと、財務報告に必要な情報が組織の内部及び外部から財務報告の業務（**図表8－1**の"会計記録の流れ"のプロセス）に適時にインプットされなくなります。あるいは、インプットされた情報を適時に記録し、加工するプロセスが欠けていると、その記録が適切に処理されない、保管されないなどの障害が発生します。

8-4 財務報告 *225*

　情報処理技術が発達した現代では、勘定体系や会計方針のほとんどはコンピュータのプログラムに組み込まれており、業務を担当する人が勘定体系や会計方針を特段意図しなくとも、適切な記録が行われるようになっています。

　繰り返しになりますが、業務手続と会計情報処理の融合化が進んだソフトウェアを導入している会社では、財務諸表の作成に必要な情報のほとんどは、各業務の担当者が毎日の仕事の中で業務情報処理システムへインプットしています。

　この結果、財務諸表作成に責任を持つ経理部などの主管部署が担当する作業は激減し、財務諸表の作成に要する日数も短期化しています。

　経理部などの主管部署は、財務諸表及びその他の情報を基に、株主総会用の決算書類を作成し、上場会社等は有価証券報告書を作成して大蔵大臣へ提出します。

③　不十分な内部統制の影響

　財務諸表の作成の業務に係る内部統制が不十分であると、以下のような経営結果を招くことになります。

- 不適切な、あるいは誤った財務諸表を公表する
- 株主総会日までに決算報告ができない
- 財務諸表の公表までに長い日数を要する
- 誤った財務諸表の情報で、意思決定を誤る
- 誤った予算や事業計画を策定してしまう
- 会社の財産を網羅的に記録し、把握することができない
- 不正使用や横領、滅失などから資産を保全できない

2）税務申告

　この業務の目的は、適法な税務申告書を作成して、期日までに税務署に提出し、納税することです。

226　第8章　会社の支援業務に関係する内部統制

①　業務内容

　この業務では、株主総会で承認された財務諸表に表示された利益の額を元に、法人税法に準拠した修正を施して法人税の申告書を作成し、提出期限までに提出し、申告書に記載された法人税額を納付します。

　したがって、何らかのトラブルに見舞われ、予定日までに財務諸表が作成できないと、期日までに法人税の申告書を作成することができない事態に陥ります。

②　業務執行の要点

　日本の法人税法は、株主総会で承認された財務諸表に基づいて課税所得を計算することを求めています。また法人税法は、課税所得の計算に独自の規定を定めています。

　したがって、株主総会で承認された財務諸表に示された取引の記録方法と法人税法の規定が異なる場合は、財務諸表の利益の額と課税所得の額に差異が発生することになるので、法人税法に基づいた修正が必要になります。この修正作業は、**税務調整**と呼ばれています。

　税務調整を少なくするために、株主総会に提出する財務諸表を作成する時点で、言い換えれば各業務の担当者が取引を記録する（取引情報をコンピュータにインプットする）時点で、可能な限り法人税法の規定を取り入れる実務が、広く定着しています。

　このことから、税務申告書作成者1人の努力だけで適切な税務申告を行うことは不可能です。そこで、各業務における担当者が税法に従った取引記録を行えるようにトレーニングすることが大事になります。

③　不十分な内部統制の影響

　税務申告の業務に係る内部統制が不十分であると、以下のような経営結果を招くことになります。

- 税務申告書の届出が送れ、延滞金を科される

8-4 財務報告　227

- 誤った申告をしてしまい、税務調査で追徴を受け、加算税等を課される
- 税務調査で悪意の所得隠しと認定され、重加算税を科される
- 税務更正を受けたことや重加算税を課されたことが報道され、会社の評判を落とす

8-5 研究開発

　この業務の役割は、顧客の期待とニーズに合致した商品の生産を可能にするための研究と開発を行うことです。

　研究開発業務のマネジメントには、3つの発展段階があるといわれます。最初の段階は優秀な技術者を集めて整った研究環境を与えて、彼らに自由に研究活動をやらせると成果が期待できるという、成り行きに任せたマネジメントです。

　第2段階は研究開発をプロジェクトごとに管理するもので、進捗状況を把握し費用と成果を評価するものです。

　第3段階は最も発展したもので、会社にとってどのような研究開発が必要であるかを網羅的に評価し、プロジェクトの実施と資源の配分に優先順位を付けて、研究開発活動全体の最適性を図るものです。

　本項では、第3段階の研究開発業務のマネジメントを前提にして記述します。

　第3段階の研究開発業務は、次の中区分の業務に分類できます。

1) 研究開発計画

　この業務の目的は、研究開発の長期計画を策定することです。

① 業務内容

この業務では、会社が有する技術の優位性とその成熟度を基に、長期経営計画を達成するために戦略的に取り組む事業分野と投入する商品、そこで使用する技術を定めます。そして、それを実現するために、どのようにして必要な技術を開発していくかを決めます。

② 業務執行の要点

研究開発計画は、商品開発の基礎になる技術を獲得し、それを活用して顧客のニーズに合う商品を開発・生産することを前提に立案します。新商品の方向性は研究開発段階でほとんどが決まってしまうとも言われ、経営戦略に合わせた研究開発が重要になります。

研究開発の方向性を決めるには、経営戦略と会社が有する技術の優位性と成熟度を元に、全社的な視点から重きをおく技術を決定します。会社が長年にわたって蓄積した技術には、特定の商品に使われるもののほかに、会社全体で共有していて多くの商品の基盤になっているものがあります。これが自社の「コア技術」であり、研究開発の方向を決める上で重要な位置を占めます。

研究開発計画を実行に移すには予算的な裏付けが必要です。研究開発に投ずる予算は、まず、売上高に対する比率や同業他社のレベルを参考にしたりして、全社的な予算を決定します。

それを (1) 既存の事業や商品から離れた基礎研究、(2) 新商品の開発、既存商品や技術を革新するための応用研究、(3) 商品化、既存商品や技術の改良・改善をする商品開発に配分し、さらに個別の研究開発プロジェクトに配分します。

基礎研究は収益獲得には直接的には結びつかないので、予算配分上は冷遇されやすい境遇にあります。会社の業績が悪化した場合には、削減の対象にさえなりかねません。そのため、基礎研究部門は本社組織の一部として、会社の業績にかかわらず一定の予算を配分するケースが多く見られま

230　第8章　会社の支援業務に関係する内部統制

す。

　他方、応用研究や商品開発は短期間に収益獲得に貢献することから比較的予算がつきやすいために、事業部や事業所に所属させている会社が多くあります。

（研究開発予算の配分）

（会社全体の予算）	（各分野に配分）	（各プロジェクトへ配分）
（売上高の一定比率等で決定）	基礎研究分野 （本社組織の一部）	・・・・・
		・・・・・
	応用研究分野 （事業所等の組織）	・・・・・
		・・・・・
	商品開発分野 （事業部等の組織）	・・・・・
		・・・・・

　なお、商品開発に関しては「**第7章　会社の基幹業務に関係する内部統制　7-1　商品開発**」で詳細に取り上げているので、参照して下さい。

③　不十分な内部統制の影響

　研究開発計画の業務に係る内部統制が不十分であると、以下のような経営結果を招くことになります。

- 新商品が出ずに、マーケットの変化に取り残される
- 目前の業績目標に関係するテーマの研究開発だけが推進される
- 長期的な経営目標の達成、経営戦略の実行が不可能になる

2）研究開発プロジェクトの管理

　この業務の目的は、研究開発計画の対象になっている各研究開発プロジェクトの長期計画を開発ステップにブレークダウンして短期計画を作り、それに基づいて個別の研究テーマの予算の執行と進捗度管理をすることです。

① 業務内容

　この業務では、研究開発プロジェクトを計画書にまとめ、社内の審査委員会等で市場の大きさ、自社の研究開発能力、商品の競争力などの点から評価し、それにパスしたものを研究開発プロジェクトとして登録し、予算を配分します。

　審査委員会等での各研究開発プロジェクトの評価は、会社が独自に定めた評価項目に点数を付ける方法で行うケースが多く見られます。

② 業務執行の要点

　研究開発プロジェクトの初期段階では技術開発によって得られる商品のマーケットの大きさ、研究開発の能力、成功の可能性などが評価項目の多くを占めますが、最終の商品化段階では商品の競争力、生産設備の投資規模、コスト競争力、収益力などに重きがおかれます。

　審査委員会等での審査をパスした研究開発プロジェクトは予算を与えられ、長期の開発計画、短期の開発計画に分け、それぞれのマイル・ストーン（途中目標）を示します。

　各プロジェクトは予算と短期計画に従って進捗度を管理し、短期計画が終了した段階で報告書を作成し、成果の評価を行います。

　成果評価で「事業化の見込みあり」となれば、有望な研究開発プロジェクトとして継続することになり、次の研究開発ステップに入ります。

（研究開発プロジェクトの管理のステップ）

③ 不十分な内部統制の影響

研究開発プロジェクト管理の業務に係る内部統制が不十分であると、以下のような経営結果を招くことになります。

- 商品化の見込みがない研究開発がいつまでも継続される
- 期日までに研究開発が終了しない
- 研究開発予算がオーバーする

3) 特許管理

この業務の目的は、研究開発の過程で得られた商品と生産工程に関する技術的発明の成果を権利として確保し、その技術を利用した商品を販売し、あるいはその他の方法で研究開発に投下した資金を回収することです。

① 業務内容

「知的財産権」と呼ばれるものには特許権、実用新案権、意匠権、商標権（これら4つをまとめて工業所有権という）、著作権、コンピュータソフト、などがあります。

このうちここでは、生産会社が最も関係する「物」と「方法」の発明に関する特許権の管理について取り上げます。ここで言う「物」は商品であり、「方法」は商品の生産工程です。

特許は「物」や「方法」の発明者に対して、それを独占的に使用する権利を認めるものです。最近日本の会社では、特許の権利が発明した従業員個人にあるのか、所属していた会社にあるのかを争う裁判事例が数多くあります。これを回避するために、発明した従業員が相当の対価を得て、所属している会社へ譲渡する形を取るケースが見られるようになっています。

② 業務執行の要点

特許を出願するのは発明した従業員になりますが、従業員の特許出願を

奨励し、従業員が出願する特許が直ぐに真似されないように脇を固めるための支援をし、特許出願の事務手続を行うのが、特許部あるいは知的財産部と呼ばれる部署です。

特許部あるいは知的財産部では、自社の「物」や「方法」に関する技術の中から、独占的に使用する権利を確保することによって利益を生むと判断される技術を選び出し、特許出願をします。

特許出願をすると、特許の内容（物や方法）が一般に公開されることになります。公開された特許の内容を見たライバル会社の研究者が、出願された特許に触れない別な技術で同様の機能をもつ商品や生産工程を発明することもあります。そこで、黙っていれば誰も真似することが出来ないであろうと思われる技術は、特許出願しないで、ノウハウとして自社で囲い込んで利用する例もあります。

研究開発へ投入した資金は、特許で守られた商品を独占的に生産・販売して収益を獲得することで、回収することができます。

自社で使用して商品化を進めるまででもない特許は、他社に技術供与してロイヤリティ収入を得ることができるし、特許権を売却して収入を得ることもできます。

あるいは競業会社とクロス・ライセンス契約をして、自社のロイヤリティの支払額を減らして相手の特許を利用することもできます。

さらには、自社の商品生産に利用している特許を他社へ無償もしくは低廉で供与して生産を促して、自社で生産する商品のデファクト・スタンダード化を進める戦略もあります。

特許権は20年間保護されますが、毎年、維持費用がかかります。商品化、技術供与、譲渡、クロス・ライセンスなどの方法で収入を得ることが期待できない特許は、権利の期限切れ前でもどんどん放棄し、維持費用を削減することも検討に値します。

他社が自社の特許を侵害し、自社の利益が損なわれている場合は、他社へ警告を出すとともに、商品生産の差止め要求、損害賠償金の請求、ライ

234   第8章　会社の支援業務に関係する内部統制

センス契約の締結とロイヤリティの支払い要求、クロス・ライセンス契約の締結、などの措置をとります。

③　不十分な内部統制の影響

　特許管理の業務に係る内部統制が不十分であると、以下のような経営結果を招くことになります。

- 競合会社に先に特許を取られる
- ロイヤリティ収入を得る権利があるのに、獲得することができない
- 有望な知的財産の資金化ができない
- 自社で使用する見込みのない特許の出願と、使用する見込みのない特許権の維持に多額の資金が掛かる

（参考文献）

「地方公共団体の内部統制の実務」久保直生・川口明浩編著（中央経済社刊）

「地方自治体のリスク管理・危機管理」森健著（商事法務刊）

「内部統制の実務　第2版」土田義憲（中央経済社刊）

「内部統制の評価モデル　第2版」土田義憲著（中央経済社刊）

「財務報告に係る内部統制の実務　経営者による評価と監査人監査」土田義憲著（中央経済社刊）

「損失危険管理の内部統制」土田義憲著（中央経済社刊）

「法令等遵守の内部統制」土田義憲著（中央経済社刊）

著者プロフィール

土田 義憲（つちだ よしのり）

著述業、公認会計士
新日本監査法人シニアパートナー、国際教養大学客員教授を経て、現職

【主な著書】
『仕事で悩まない減価償却』（ロギカ書房）
『仕事で使える管理会計』（ロギカ書房）
『社会人になったら知ってほしい・人生のお金の話』（ロギカ書房）
『君たち中学生・高校生が学ぶ会計』（ロギカ書房）
『会計思考で理解する 会社のお金の流れと管理』（ロギカ書房）
『会計思考で不正取引を発見・防止するための本』（ロギカ書房）
『会計思考で成長する若手社員 入社5年目 秋山君の挑戦』（ロギカ書房）
『実践ビジネス・リスク・マネジメント』（大蔵財務協会）
『内部統制の実務』（中央経済社）
『財務報告に係る内部統制』（中央経済社）
『取締役・監査役の内部統制』（中央経済社）
『内部監査の実務』（中央経済社）
『税務調査で使える内部統制のつくり方』（中央経済社）

これならわかる
内部統制整備の手続

発 行 日　2025年2月28日

著　　者　土田 義憲

発 行 者　橋詰 守

発 行 所　株式会社 ロギカ書房
　　　　　〒101-0062
　　　　　東京都千代田区神田駿河台3-1-9
　　　　　日光ビル5階B-2号室
　　　　　Tel 03（5244）5143
　　　　　Fax 03（5244）5144
　　　　　http://logicashobo.co.jp/

印刷・製本　藤原印刷株式会社

定価はカバーに表示してあります。
乱丁・落丁のものはお取り替え致します。
©2025　Tsuchida Yoshinori
Printed in Japan
978-4-911064-18-4　C2034

ロギカ書房 書籍のご案内

対話で学ぶ、管理会計の基本
仕事で使える 管理会計

元国際教養大学客員教授
公認会計士
土田　義憲
A5判・234頁・並製
定価：2,400円+税

第1部　商品1単位の原価と販売価格（いくらで売ろうかな〜に応える）
第2部　利益と計画（いくらで売ればいいのかな〜に応える）
第3部　非日常的な判断・決定（どっちにしようかな〜に応える）
第4部　資金計画と管理（いくらいるのかな〜に応える）

仕事上、惑わされず、正しい判断をするための本
仕事で悩まない 減価償却

元国際教養大学客員教授
公認会計士
土田　義憲
A5判・192頁・並製
定価：2,400円+税

第1部　減価償却の基礎
第2部　減価償却の特質と実務での留意点
追補の部
　　　　現代会計の構造と減価償却費